「これからの時代に求められる

資質・能力
の育成」とは
アクティブな学びを通して

髙木 展郎【編著】　　　　　　　　㋷ 東洋館出版社

はじめに

　次期指導要領の改訂が始まっている。そこでは，これからの時代が求める学力の内容について，いかなるものが日本の教育にとって必要か，という議論が行われている。

　国民が生きていく上で必要な資源は，日本の中で全て充当することはできない。例えば，食糧自給率をとっても，農林水産省の発表で平成26年度は，カロリーベースで39％である。また，経済産業省資源エネルギー庁によると，日本の資源は，石炭・石油だけでなく，オイルショック後に導入された液化天然ガス（LNG）は，ほぼ全量が海外から輸入されており，平成22年の我が国のエネルギー自給率は，水力・地熱・太陽光・バイオマス等による4.4％にすぎない。

　これらの資源は，物質的な資源であるが，人が生きていくためには必要な資源でもある。このような資源のない日本においては，教育によって人を育成することが重要な課題である。

　教育という営みは，人間の成長に大きく関わるが，単に教育という概念のみではなく，陶冶ということをも含まれている。言い換えれば，人が人としていかに成長するか，ということ全てに収斂されるものでもある。

　この教育における課題，特に現代的な課題は，これまで「よし」とされてきた教育内容を，時代に合わせて，現代に有用な学力として，これからの時代を生きる子供たちに育成していかなくてはならないということである。このことは，未来を志向することでもある。

　18世紀半ばからの産業革命以降，社会構造そのものが大きく変わり，それまでのものの見方や考え方も大きく変わった。教育という営為も，その中に組み込まれ，時代という状況やその変化によって教育内容が変わってきた。時代が求める価値が，教育内容を形成してきたとも言えよう。

　この近代から現代への時代経過の中で，それぞれの時代に必要な学力の育成が，教育という営為によって図られてきている。

日本において戦後教育で求められてきた学力の内容は，学習指導要領によって示されてきた。学習指導要領は，公教育において，教育の機会均等を保障するものであり，小・中学校においては，日本中どこに行っても教育内容が保障されている。その学習指導要領は，昭和33年に告示されて以降，約10年ごとに改訂されてきている。時代が求める学力の育成を，学習指導要領によって見ることができると言っても過言ではない。

戦後教育の中で，学力観が大きく転換した時期は二つ挙げられる。昭和33年版の学習指導要領で，それまでの経験主義の学力観から能力主義の学力観に変わったこと，昭和52年版学習指導要領において，それまでの集団に準拠していたものが個別化・個性化へ転換したこと，この二つが大きな結節点であった。

この戦後教育の始まりから今日まで，学校教育で育成されてきた学力は，21世紀を迎え，大きく変わろうとしている。それは，コンピュータの出現による産業革命以後，社会構造の変化とともに，そこで求められる学力そのものが大きく変わろうとしているからでもある。

これまで学校教育で求められてきた学力は，各教科に分けられている学問領域の内容の習得が主であった。それは，いわゆるコンテンツ（知識・技能）・ベースの学力観であった。

しかし，これからの時代が求める学力として，コンピュータで行えるものと，人でしか行えない学力とが，明らかになろうとしている。そこで，次期学習指導要領においては，コンピテンシー（資質・能力）・ベースの学力への転換を図ろうとしている。このコンピテンシー・ベースの学力の中核になるのは，学校教育法第30条第2項でも示されている「思考力，判断力，表現力等」の学力である。

それは日本のみではなく，いわゆるOECDをはじめとした先進諸国が，これからの時代に求められる学力に転換しようとしているのである。そして，その学力は，アクティブな学びを通して具現化される。

本書では，これからの時代が求める学力としての「資質・能力」の育成をどのように図るか，学校教育の地平から今日的状況を踏まえて，アクティブな学びを通して，次の時代に生きる学校教育への提案を行った。

目　次

はじめに …………………………………………………………………… 1

特別寄稿

これからの時代が求める資質・能力とは………………………………… 6

2030 年の社会を生きるための資質・能力
－生涯学習，教育課程，言語能力－……………………………………… 15

これからの時代に求められる理科（理数教育）で育てる資質・能力…… 19

これからの時代に求められる資質・能力
－グローバル化社会の進展の観点から－………………………………… 23

各教科等を貫く言語活動の意味………………………………………… 27

I　これからの時代が求める資質・能力とは…………… 33

1　知識基盤社会に求められるコンピテンシー，リテラシー，スキルとは　34

2　これからの教育はグローバル化にどう対応するか
　　－「ダイバーシティ」の視点から－ …………………………… 48

3-1　各教科等における資質・能力の育成とは－小学校－ ………… 54

3-2　各教科等における資質・能力の育成とは－中・高等学校－ … 60

Ⅱ 「チーム」としての組織の在り方とは ················· 67

1 時代が求める資質・能力を育てる学校へ
　　－機関としての学校－ ································· 68

2 学習する組織・学習する学校
　　－イノベーションを生み出す組織づくり－ ··········· 74

3 学校のコンプライアンスとアカウンタビリティ ········· 80

Ⅲ 人材を育成する・人財を開発する
マネジメントの在り方とは ····························· 87

1 「人材」から「人財」へ
　　－持続可能な発展のための教育（ESD）の視点から－ ········ 88

2 職員室の円滑なコミュニケーションを生むピープルマネジメント ··· 92

3 学級経営・教科指導としてのピープルマネジメント ········· 98

4-1 アクティブ・ラーニングを支えるファシリテーション1
　　－授業づくりの視点から－ ························· 104

4-2 アクティブ・ラーニングを支えるファシリテーション2
　　－学級（H.R.）経営の視点から－ ·················· 114

5 資質・能力を育成するためのカリキュラム・マネジメント ··· 122

6 授業の目標をどのように設定するか
　　－見通し，振り返ることを通して－ ················· 128

7 次の成長につながる「振り返り」と「評価」
　　－フィードバックから次の学習へのモチベーションへ－ ··· 134

8 授業改善の視点
　　－ビジネス社会で活用されているシンキングツールを
　　教材開発や指導法に生かす－ ……………………… 138

IV 教育は未来を創る ……………………… 145

1 学校教育目標の実現のために
　　－学校経営方針のグランドデザイン化－ ……………… 146

2 学校全体で取り組むカリキュラム・マネジメント …………… 154

3 教育におけるICTの可能性 ……………………… 158

4 ICTを活用した教育の実際 ……………………… 164

5 未来を担う子供像 ……………………… 170

6 子供のキャリアデザインをどう考えるか
　　－学校と社会の連携の視点から－ ……………… 176

7 教師のキャリアステージと求められる資質・能力
　　－学び続ける高度な専門職として－ ……………… 182

8 社会に開かれた教育課程 ……………………… 192

おわりに ……………………… 196

編著者・執筆者紹介 ……………………… 198

| 特別寄稿 | これからの時代が求める資質・能力とは |

合田哲雄（文部科学省初等中等教育局教育課程課長）

（1）未来社会と学習指導要領改訂の「構想力」

　周知のとおり，学習指導要領の改訂は概ね10年に一度行われてきた。現在60歳代の方々が受けた教育課程の基準である昭和33（1958）年改訂では，各教科のもつ系統性を重視し基礎学力の充実を図った。50歳代の方々は昭和43（1968）年改訂である。この改訂により，我が国の教育課程は，高度経済成長を背景に教育内容も授業時数も量的にピークを迎えた。しかし，「新幹線教育」といった批判を受け，現在40歳代の方々が受けた昭和52（1977）年改訂では，各教科の基礎的・基本的事項を確実に身に付けられるように教育内容を精選するなど「ゆとりと充実」を目指した。その後，30歳代の平成元（1989）年改訂，20歳代の平成10（1998）年改訂と，社会や子供たちの変化を踏まえ改訂が重ねられてきたが，昭和52（1977）年改訂以降，教育内容を精選・厳選することにより，考えさせたり，体験させたりする「ゆとり」を生み出し，子供たちの思考力・判断力・表現力等を育もうというのが我が国の学校教育の大きな方向性だったと言ってよいだろう。

　これに対して，平成20（2008）年の学習指導要領改訂では，国語や理数の授業時数や教育内容を増やし，各教科等を通じて言語活動を重視することにより，習得・活用・探究という学習プロセスの中で知識を活用して課題を解決するために必要な思考力や判断力，表現力といった能力を育む方向に舵を切った。

　私事で恐縮だが，1970年生まれの私は「ゆとりと充実」を目指した昭和52（1977）年改訂への移行措置を小学校中学年で迎えた，言わば同改訂の「第一期生」である。昭和48（1973）年に当時の奥野誠亮文部大臣が教育課程審議会に対して，「児童生徒の学習負担の適正化を図り，基本的事項の指導を徹底するための教育内容の在り方」などについて諮問し，高村象平会長

の下，教育課程審議会で審議が重ねられた上で，昭和52（1977）年に改訂された学習指導要領で育まれた世代が2016年において中堅として社会を支えている。現在進行している学習指導要領の改訂に関する議論においても20〜30年先の未来社会を「構想」することが求められる所以である。

（2）2050年の世界？

　かつて文部省が「教育は投資だ」と言い切ったことがあった。1962年の教育白書「日本の成長と教育」の「教育は，（…）技術革新の成果を生産過程の中におりこんで軌道にのせてゆくための，欠くべからざる要素である。このような時代にあっては教育を投資とみる視点がいっそう重視されなければならない」という記述は，工業化社会における人的資本論そのものであり，理数教育を中心とした義務教育の教育内容の量的充実，高校理数科や工業高校の設置促進，理工系学生増募計画，高等専門学校制度の創設といった当時の教育政策は，工業化社会における人的資本論で貫かれていたと言うことができるだろう。

　しかし，今，このような教育政策は成立可能なのだろうか。2030〜50年の世界については様々な予測がなされている。例えば，英・エコノミスト誌の『2050年の世界』（2012年）は，「欧米諸国が苦労してやっと獲得した，科学の繁栄につながるリベラルで知的な環境を新興国でも実現できるなら，その国は科学の面ばかりか社会的，政治的な面でも繁栄するだろう。もし実現しないなら，あるいはできないなら，彼らの行く末には日本と同じ運命が待ち受ける。つまり，ぬるま湯のような暮らしの中でぼんやり日を過ごし，真に新しいことには気持が向かなくなるのだ。日本のこの現状に鑑みれば，科学者たちが民主的で序列にとらわれないインド（伝統的に数学に強いもうひとつの国）のほうが，永遠のライバルである権威主義的な中国よりも前途有望だと言えるだろう」と予測している。科学技術振興機構の「未来技術年表」では，即時型アレルギーの完全なコントロール技術が利用可能となるのが2027年，がんの転移を防ぐ有効な技術が利用可能となり，我が国における一人当たりエネルギー消費量が半減するのが2030年と予測する研究者が多いことを示している。

マイケル・オズボーン博士の今後10～20年で自動化され消滅する仕事，ロボットやコンピュータで代替できないため消滅しないクリエイティブな仕事（メンタルヘルスサポート，ヘルスケアソーシャルワーカー，栄養士，教育コーディネータ，心理学者，小学校教員など教育関係の仕事が多い）の予測や，キャシー・デビッドソン博士の「2011年度にアメリカの小学校に入学した子供たちの65％は，大学卒業時に今は存在していない職業に就くだろう」という予測も，つとに有名である。中央教育審議会も平成24（2012）年の答申「新たな未来を築くための大学教育の質的転換に向けて」において，未来社会の形成に寄与する力として，①学術研究や技術，文化的な感性等に裏付けられた我が国固有のイノベーションを起こす能力，②我が国が生み出した固有の価値を異なる文化的・言語的背景を持った人々に発信できる能力，③異なる世代や異なる文化を持った相手の考え方や視点に配慮しつつ，意思疎通ができる能力など，を挙げている。中教審が描く，一つの未来社会の人材像と言えるだろう。

（3）子供たちに求められる資質・能力

このように，まさに百家争鳴な「未来社会」像だが，共通しているのは，未来社会は予測不可能性が加速度的に高まるという点だろう。未来社会を予測できず，そのイメージから逆算して教育内容を組み立てられなければ，学校教育は無力なのだろうか。むしろ逆であろう。「未来を予測する最善の方法は，自らそれを創り出すことである」（アラン・ケイ）。学校教育には子供たちの未来を創り出す資質・能力を育むことが求められており，我が国には130年に及ぶ蓄積という揺るぎない土台がある。

目の前の我が国の子供たちが競争しながら共存しなければならない相手は，異なる言語や文化，価値観の中で育まれている国外の子供たちだ。成熟社会が持続的に発展するためは，その成熟に裏打ちされた感性や技術力を発揮し，潜在内需の掘り起こしとグローバル市場の獲得の二兎を追わなくてはならない。新しいアイディアや知識の創出で世界と激しく競い合う研究者や起業家，企業人が求められるのはもちろんであるが，他方，ミドルスキルを身に付け，社会をしっかりと支える安定したボリュームゾーンは公正な成熟

社会の基盤でもある。我が国の価値や商品，サービスが国外で評価されるのも，我が国のボリュームゾーンが支える市民社会が安定し，賢く洗練されているからにほかならない。また，地域社会やそれを支えるローカル経済においても，年齢や文化，言語の異なる他者とコミュニケーションを図りながら，ともに支え合って，地域の課題解決に取り組んでいく力が必要なことは論を俟たない。そのため，効率か公正かといった単純な二元論を超えて考え抜き，異なる文化や意見をもつ他者と議論を重ね，「納得解」を導き出す能力は，国際社会や国全体のガバナンスだけではなく，成熟した市民社会における地域への参画でも求められている。

　このようにテクストをしっかりと理解し，解釈するとともに評価し，自らの意見を論理的に構成した上で表現し，また他者との熟議を重ねる。この一連の思考のサイクルをまわすための資質・能力は，グローバルな成熟社会を生きる全ての市民に必要な，言わば「共通通貨」だと言ってよいだろう。これこそ我が国の学校教育のお家芸であり，OECD（経済協力開発機構）の「キー・コンピテンシー」や学習分野と汎用的能力のマトリクスとなっているオーストラリアのカリキュラム構造など，成熟社会がこぞって模索している能力そのものである。

　このように，工業化社会であった頃と異なり，今後の社会・産業構造の変化は一層予測しがたくなっているからこそ，これからの子供たちには，社会が要求する力を身に付けるにとどまるのではなく，新しい社会経済システムを創り出す力が求められている。その意味で，未来社会は，教育が社会をリードする時代になると言えよう。

（4）学習指導要領改訂に関する議論における「資質・能力」

　戦後の我が国の学力に関する議論は，「ゆとり」か「詰め込み」かという二項対立の観点からなされてきた。

　しかしながら，中央教育審議会は平成17（2005）年の「新しい時代の義務教育を創造する（答申）」において，「基礎的な知識・技能の育成（いわゆる習得型の教育）と，自ら学び自ら考える力の育成（いわゆる探究型の教育）とは，対立的あるいは二者択一的にとらえるべきものではなく，この両

方を総合的に育成することが必要である」と提言し，二項対立を乗り越えて，新しい展開を目指すという明確な意思表示がなされた。さらに，平成19（2007）年に学校教育法が改正され，第30条第2項において「基礎的な知識及び技能を習得させるとともに，これらを活用して課題を解決するために必要な思考力，判断力，表現力その他の能力をはぐくみ，主体的に学習に取り組む態度を養うことに，特に意を用いなければならない」と学力の三要素が示された。このように，「そもそも学力とは何か」という議論については，法律すなわち国民の意思というかたちで，二項対立を乗り越えて捉えるという共通理解がなされたと言えよう。

　そのことを前提に，中央教育審議会教育課程企画特別部会が平成27（2015）年8月にまとめた「論点整理」においては，子供たちに求められる「資質・能力」を軸にカリキュラムの構造を再構築する方向性を示している。

　すなわち，「生きる力」については，「確かな学力」「健やかな体」「豊かな心」と捉えて，これらをバランスよく育成することを目指しているが，本来これらは独立して存在しているものではなく，個々の子供の中で，「豊かな心」という大きなベースの上に，「確かな学力」や「健やかな体」が組み合わさって，全体としてその子の資質・能力が形成されている。例えば，地球環境や生命倫理について考えるとき，当然，科学的な知識や，算数・数学的なものの見方や考え方が必要であるが，「人間や社会としてどう判断し，選択するか」は，まさに道徳的価値や社会の在り方にいかに向き合うかという問題であり，これらは切り離せない。「特別の教科 道徳」が学校教育全体で行う道徳教育の要（かなめ）になるというのは，まさにこの点であり，理科の授業で「これは道徳的価値に関わる問題だ」と捉え，道徳科では「理科で学習した」と振り返るといった双方向性が重要になっている。

　このように，知・徳・体の三つを縦割りではなく，一人の子供の中で統合されるものと考えたときに出てきたのが，「資質・能力」という観点である。次代を担い，創り出す今の子供たちには，「何を知っているか，何ができるか」とともに，「知っていること・できることをどう使うか」，そしてこれらの土台である「どのように社会・世界と関わり，よりよい人生を送るか」といった資質・能力を各教科等における具体的な教育活動を通して育ん

でいくことが求められている。

　これらの資質・能力は，抽象的な「○○力」といったものではない。例えば，中学校社会科の歴史分野においては，原因と結果，変化と継続，対立と協調，人物の役割，集団の利害，国際関係といった視点で，時間に着目して社会的な諸事象の推移や変化を見いだしたり，事象間の相違や共通性，因果関係に着目して，時代の転換の様子や各時代の特色を考察したりする中で，考察や構想，説明や議論を行う能力が育まれる。各教科の本質にあるその教科固有のものの見方・考え方を構造化し，より自覚的に指導するとともに，各教科等で連携することにより，論理的に思考したり議論を重ねたりするといった，子供たちが未来社会を切り拓く上で，きわめて重要な力が培われる。資質・能力にとって知識は大変重要であり，各教科等にはそれぞれ固有のものの見方や考え方がある。これらを足場にしながら，次代を創り出すために求められる資質・能力を育成するためには，教科等の縦割りを超えなければならない。

（5）子供たちの資質・能力を育むために必要な条件

　中央教育審議会において，延べ470名に及ぶ有識者の方々に17の教科等のワーキンググループ，幼児教育，小・中・高等学校，特別支援教育の五つの学校別部会に分属していただき，現在，「論点整理」を踏まえ，各教科等で育まれる資質・能力の構造の可視化・明確化などについて審議を重ねている。平成28（2016）年度中に答申としてまとめた上で，学習指導要領を改訂し，平成32（2020）年以降，小学校から順次実施される見込みである。以下では，次代を担い，創り出すために必要な資質・能力を着実に育むために必要な条件について整理したい。

　第一は，学校教育において育むべき資質・能力についての理解を，社会と教育界の双方においてより広く共有することである。前述のとおり，今回の学習指導要領改訂においては，130年に及ぶ我が国の学校教育の蓄積を踏まえ，各教科等におけるそれぞれの本質に根差した習得・活用・探究という学習プロセスの中で育まれる資質・能力をより明確に構造化・可視化することを志向している。資質・能力の育成という大きな目標を学校と社会において

広く共有してこそ，各学校における特色ある多様な教育実践が創発される。「社会に開かれた教育課程」が求められる所以である。

このような社会的共有は，高校教育，大学教育，大学入試の一体的改革という大きな政策的なうねりの基盤としても重要である。OECD の PISA 調査（国際学習到達度調査）は我が国の義務教育が大きな成果を挙げていることを示している。しかし，国際的な比較の中でも相当高い力をもつ義務教育の課程を修了した子供たちを高校教育や高等教育がさらにしっかり伸ばしているかと言えば，残念ながら肯定しがたい。「高等学校基礎学力テスト（仮称）」「大学入学希望者学力評価テスト（仮称）」及びそれを前提にした大学入試の改善は，初等中等教育において，児童生徒の実態に応じて，基礎的・基本的な知識の習得や思考力・判断力等の育成，学習意欲の確立にバランスよく安定的に取り組む上で大きな影響を及ぼすと言えよう。

第二は，質の高い多様な教育実践を実現する上で，必要不可欠な各学校や研究団体等における実践や研究の蓄積，これらを使いこなす教師となるための教員養成や教員研修の改善である。これまでの蓄積を踏まえつつ，教育界として目の前の子供たちの状況に応じた多様な指導方法を共有し，学校や教師が自らの判断で選択したり，組み合わせたりして工夫し，さらに改善することが求められている。

このような構造の中で，一層大事になるのが「どのように学ぶのか」であり，主体的・対話的な深い学び（アクティブ・ラーニング）である。アクティブ・ラーニングで大事なのは，対話，グループ学習，討論といった学習活動の外形ではなく，授業において子供たちがアクティブ・ラーナー（Active Learner）になっているかどうかではなかろうか。具体的には，クラスにおいて，ただ座っているだけの「お客さん」が一人もいない授業，全ての子供がそれぞれの観点や力量に応じて必死で考え，取り組んでいる授業にいかにするのかであろう。力量のある教師はこれまでも習得・活用・探究という学習プロセスを見通して授業をしたり，子供たちに自らの学びを振り返らせたりする中で，子供たちに必死で考えさせてきた。それを個人芸にとどめず，縦横に展開する必要がある。

また，子供たちがアクティブ・ラーナーとなるためには，教師自身が教職

のプロとしてアクティブ・ラーナーになることが求められる。その意味では，「アクティブ・ラーニング，これをすれば絶対大丈夫」「アクティブ・ラーニング，これ以外にはない」という「型」にとらわれて授業をすることはむしろアクティブ・ラーニングの対極で，このような特定の型を表面的に整える指導は，パッシブ（受け身の）・ラーナーによる授業の典型と言えよう。まず子供たちに付けたい資質・能力を明確にした上で，「いくつかの方法があるけれども，今日，目の前の子供たちにとってはこれがベストだ」と，常に最適な指導方法を組み合わせながら，教師自身が能動的・主体的に考えていくのが，アクティブ・ラーニングの土台ではなかろうか。例えば，中学校理科においては，授業時数増の結果，観察・実験の実施回数が相当増加した。このこと自体はきわめて意義深いが，他方で，教師の努力に反して子供たちには観察・実験に「やらされ感」があるとの指摘もあり，このような観察・実験が，指導する側の観点から目的化していることも一つの背景となっている。子供たちが見通しを立てて実験をし，振り返って言葉で再構成するというプロセスの中に，科学的に知を構成する面白さがあり，子供たちの科学的な能力が高まる基盤があることに改めて立ち返る必要があろう。

　各学校においては，この授業で，この単元で，この学期で，この学年で，という見通しの中で，子供たちに育みたい資質・能力の捉え直しと，自らアクティブ・ラーナーとして授業を組み立てていくわくわく感を大事にすることが求められている。

　第三は，日々の授業における質の高い教育実践を支える条件整備である。家庭環境や経済状況などの格差が広がっているとの指摘があり，全ての子供たちに，自分で課題を捉えて解決する資質・能力を育成することがきわめて重要となっている。前述のとおり，このことが，我が国のボリュームゾーンを全体的に底上げし，安定した市民社会の形成やローカル経済の活性化につながる。

　お茶の水女子大学の耳塚寛明教授は，全国学力・学習状況調査の結果から，社会的に厳しい環境にありながらも成果を上げている学校（「効果のある学校」）の工夫を分析しているが，これらの学校の取組は実にきわめて基本的なものであることが明らかになっている。この基本的で当たり前なことにしっ

かり取り組むためには，教職員定数の確保などの環境整備が重要であり，このような基盤があってこそ，教師以外の多様な専門家を巻き込んだ「チームとしての学校」の実現による学校の機能強化や，これまでの学校教育ではなかなか提供できなかった先端科学，芸術，プログラミングや補充学習などを提供するためのNPOといった学校外のリソースの活用や連携も可能となる。

　第四は，カリキュラム・マネジメントの確立である。「論点整理」でも示されているとおり，カリキュラム・マネジメントには，①各教科等の教育内容を相互の関係で捉え，学校の教育目標を踏まえた教科横断的な視点で，その目標の達成に必要な教育の内容を組織的に配列していくこと，②教育内容の質の向上に向けて，子供たちの姿や地域の現状等に関する調査や各種データ等に基づき，教育課程を編成し，実施し，評価して改善を図る一連のPDCAサイクルを確立すること，③教育内容と，教育活用に必要な人的・物的資源等を，地域等の外部の資源も含めて活用しながら効果的に組み合わせること，という三つの側面がある。子供たちの資質・能力を育む上で，①の観点のカリキュラム・マネジメントに管理職や教務主任だけではなく，教壇に立つ全ての教師が取り組むことが求められている。

（6）次期学習指導要領に向けて

　今回の学習指導要領改訂に関する議論は，社会構造や教育の国際的通用性，学校間の接続，大学教育や大学入試の改善，学校や教師，家庭や地域の役割といった社会と学校の在り方の根本にさかのぼった検討を踏まえながら，次代を担い，創り出すために必要な子供たちの資質・能力（「何を知っているか，何ができるか」「知っていること・できることをどう使うか」「どのように社会・世界と関わり，よりよい人生を送るか」）を軸に，カリキュラムを構造化することを目指して行われている。この「構想力」と（5）で示した四点の条件を着実に整備する「実行力」が結び付いてこそ，子供たちの資質・能力を育むための地道で優れた教育実践が全国の学校で展開される基盤が形成される。そしてこの基盤の上において何より重要なのは，一人一人の校長や教師が抱く，未来そのものである目の前の子供たちに何を伝えたいかという「思い」だと改めて痛感している次第である。

特別寄稿

特別寄稿 2030年の社会を生きるための資質・能力
—生涯学習，教育課程，言語能力—

田中孝一（川村学園女子大学教授）

（1）はじめに

　21世紀を迎え，少子高齢化，グローバル化等のますます進行する中，これからの社会の変化やそれへの対応等についてはいろいろな立場から指摘，予測，提案等がなされている[1]。学校教育においても，平成17年初め以来の審議を経て，平成20年初めの中央教育審議会（以下，中教審）の答申は，知識基盤社会の到来という視点から，これからの社会の有り様を指摘して，それに対応する資質・能力を育てる教育課程の提案を行い，それが現行学習指導要領として具現されている。

　その後，中教審は新たに，平成26年11月，文部科学大臣からの諮問「初等中等教育における教育課程の基準等の在り方について」を受けて，平成27年初頭から，教育課程企画特別部会において，全体的な考え方や方向性の検討を行い，8月には，それを「論点整理」としてまとめた。

　この「論点整理」において最も注目すべきは，2030年という特定の年代の社会を念頭に置きつつ提案を行っていることである。すなわち，子供たちは成長し大人になってどのような社会で生きていくのか，そこではどのような資質・能力が求められるのかなどについて，2030年の時点から，言わば逆算するように，次期教育課程を見据えようとしている。

（2）学力をめぐる最近の動向－生涯学習への視野－

　変化の著しい現代社会の中では，また，長寿社会に生きていく上では，各人にとって，学校を卒業してからの公私にわたる長い生活の様々な段階において，自らの必要と興味等に基づいて，自ら資質・能力を高めていくこと，すなわち生涯学習を進めることが一層重要となっている。特に，学校教育には，一人一人の人間のそのような資質・能力の継続的な伸張に資する，すな

わち，生涯学習の基礎に培う役割が今後はますます求められていく。このように考えれば，「論点整理」の提案する「社会に開かれた教育課程」の中の「社会」という言葉は，現在の社会のみではなく，今の子供たちの担う将来の社会という視野も含めて理解する必要がある。

　そのような視点に立って，これからの学校教育を考える場合，例えば，OECD の PISA 調査が参考になる。PISA 調査は，義務教育修了段階の 15 歳児を，「教養ある思慮深い市民」「知的な消費者」[2] という人間像として設定して，義務教育で学んできたことが，将来，社会生活で直面するかもしれない様々な課題に対応する力として，どの程度身に付いているかを見るという趣旨で実施されている。このような人間像は，義務教育を修了することの意味を的確に示している。ここには，生涯学習へと広がる視点が看取される。

　現行学習指導要領は，このような PISA 調査の考え方も踏まえた上で構成されている。全国学力・学習状況調査（平成 19 年度開始）の制度設計，調査問題作成においても，PISA 調査の在り方は強く意識されている。

　また，学校教育法は，平成 19 年 6 月の一部改正により，第 30 条第 2 項を新設し，いわゆる学力の重要な 3 要素を規定した。注目すべきは，その冒頭に，「生涯にわたり学習する基盤が培われるよう」と規定して，学校教育で育てる学力は生涯学習に生かすことを目指すと明示したことである。

　このほか，これから求められる資質・能力については，国際的にも国内的にも様々な提言や取組がある。それらの一部は，「論点整理」に添付されている「補足資料」に徴することができる。

(3) これから求められる資質・能力－教育課程，言語能力－

　「論点整理」全 6 項目の冒頭の項目は，「2030 年の社会と子供たちの未来」である。その第一文には，「本「論点整理」は，2030 年の社会と，そして更にその先の豊かな未来を築くために，教育課程を通じて初等中等教育が果たすべき役割を示すことを意図している」とある。

　このような子供たちの未来（社会人となった時点）から学校教育で育成する資質・能力を考えるという視点は，諮問が中教審に対して検討の視点をそのように求めていることからもきている。諮問（理由）の説明は，「今の子

供たちやこれから誕生する子供たちが，成人して社会で活躍する頃には，我が国は，厳しい挑戦の時代を迎えていると予想されます」という一文に始まる。これに続き，諮問は，生産年齢人口の減少，グローバル化の進展，絶え間ない技術革新，社会構造や雇用環境の変化，就業構造の様変わり等に言及した後，これらの変化を乗り越えて自立した人間として，他者と協働して未来を切り開いていく力が求められるとしている。

このような経緯の下，「論点整理」は，新しい学習指導要領で育成すべき資質・能力については，学校教育法に規定する学力の 3 要素も踏まえつつ，その要素として，次の「三つの柱」で整理することを提案している。

① 「何を知っているか，何ができるか（個別の知識・技能）」

② 「知っていること・できることをどう使うか（思考力・判断力・表現力等）」

③ 「どのように社会・世界と関わり，よりよい人生を送るか（学びに向かう力，人間性等）」

加えて，今回の検討においては，いわゆる「アクティブ・ラーニング」（課題の発見・解決に向けた主体的・協働的な学び）が注目される。

ここでは，言語活動との関係で「アクティブ・ラーニング」を考える。

言語活動の充実は，現行教育課程の中核に位置する。全国の学校においても，その充実への取組は着実に進められている。「論点整理」では，「その成果を受け継ぎ，引き続き充実を図ることが重要」としている。

言語活動は，教育課程が展開される中で，各教科等の目標の実現のために手立てとして用いられる学習活動である。そもそも，各教科等には，その特性に応じ様々な学習活動がある。その中でも，言語活動は，国語科等特定の教科だけでなく，各教科等を通じて行う，汎用的な学習活動である。

そのような性格をもつ言語活動は，そのような言語活動を行う能力すなわち言語能力が身に付いていないと行えない。ましてや，「アクティブ・ラーニング」という，今まで以上に豊かな学習活動を展開することが求められる次期教育課程においては，さらに言語能力が求められる。したがって，言語能力の育成という，国語科の役割はますます重大となる。国語科が，そのような役割を果たすことによってはじめて，例えば，現行教育課程の算数・数

学科における，言葉で説明するという算数（数学）的活動は実現する。

　言語活動と「アクティブ・ラーニング」との関係については，「論点整理」本文には直接の言及はない。ただ，「補足資料」では，「1. 2030年の社会と子供たちの未来」の中に，両者の関連に関する資料が二つある。一つは，『言語活動の充実に関する指導資料【高等学校版】』所収の授業イメージのイラストである。今一つは，言語活動の検証・改善のための有識者との意見交換（平成26年10月）の結果をまとめた資料であり，「アクティブ・ラーニングを構成する学習活動の要素を検討する際も，言語が学習活動の基礎となるものであることを踏まえた検討が必要」との記述が紹介されている。

（4）おわりに－併せて，学校評価の充実－

　これからの学校教育には，その取組を様々に工夫し，求められる資質・能力の育成に成果を挙げていくことが求められる。この場合，その成果と課題の的確な把握が何より重要である。そのポイントは，学習評価，学校評価が一層適切になされ，それが教育指導に適切に反映されるところにある。

　学習評価の在り方については，「論点整理」にも1項目が当てられている。今後の検討の推移を見守りたい。

　さらに，次期教育課程に向けては，学校評価の一層の改善充実も重要である。学校評価のうち，自己評価，学校関係者評価については，法令上位置付けがなされていて，各学校においても取組が行われている。今後は，求められる資質・能力の育成への効果的なアプローチの一つとして，第三者評価の考え方や手法も参考にして，学校評価を総合的に改善していくことを考えたい。その際には，髙木展郎氏ほかの『学校間評価』[3]が参考になる。

1　一般書においても，『2050年の世界　英『エコノミスト』誌は予測する』（文藝春秋，2012），『2020年の日本人　人口減少時代をどう生きる』（松谷明彦，日本経済新聞出版社　2007），『日経ビジネス』誌特集「『移民 YES』1000万人の労働力不足がやってくる」（2009.11.23号。2030年を予測），同誌特集「シリーズ　動き出す未来② 2030年のモノ作り」（2013.1.14号）などがある。

2　国立教育政策研究所編『生きるための知識と技能2　OECD 生徒の学習到達度調査（PISA）　2003年調査国際結果報告書』p.14，ぎょうせい，2004.

3　横浜国立大学教育人間科学部附属横浜中学校編『学校間評価—自己評価と学校関係者評価とをつなぐ新しい学校評価システムの構築—』学事出版，2009.

特別寄稿

| 特別寄稿 | # これからの時代に求められる理科
（理数教育）で育てる資質・能力 |

田代直幸（常葉大学大学院准教授）

（1）はじめに

　理科で育てる資質・能力というとき，読者はどのようなことを思い浮かべ
るだろうか。例えば，「科学的な思考力」などであろうか。また，タイトル
には「これからの時代に……」とあるが，これまでとは違う資質・能力を育
てる必要があるのだろうか。

　学習指導要領には，教科の目標が書かれている。理科で育てる能力は，理
科の目標に記されている。また最近は，汎用的な能力というものが様々な研
究機関や団体などから提言されてきている。学習指導要領，汎用的な能力，
この二つを手がかりとして，これからの時代に求められる理科や理数教育の
資質・能力について，述べてみたい。

（2）教科の目標から見える資質・能力

　理科の場合，学習指導要領には，次のように目標が記されている。

　（小学校理科の目標）

　自然に親しみ，見通しをもって観察，実験などを行い，問題解決の能
力と自然を愛する心情を育てるとともに，自然の事物・現象についての
実感を伴った理解を図り，科学的な見方や考え方を養う。

　（中学校理科の目標）

　自然の事物・現象に進んでかかわり，目的意識をもって観察，実験な
どを行い，科学的に探究する能力の基礎と態度を育てるとともに自然の
事物・現象についての理解を深め，科学的な見方や考え方を養う。

　（下線は，筆者が追加）

理科の目標によれば，小学校で育てるのは「問題解決の能力」，中学校で育てるのは「科学的に探究する能力」である。小学校での問題解決の能力というのは，具体的には第3学年で「比較」，第4学年で「関係付け」，第5学年で「条件制御」，第6学年で「推論」と示されている。また，中学校では科学的な探究の能力として「分析・解釈」が示されている。

　ここに示した「比較」「関係付け」「条件制御」「推論」「分析・解釈」というキーワードは，育成しているときには能力的な側面が強いが，身に付いてしまえば技能（スキル）としての側面が強い。このことを指導者は意識しておく必要がある。そして，技能（スキル）として十分に使うためには，児童生徒に道具として意識させないとならない。このことは言い換えると，これらのキーワードを，児童生徒に使える道具として認知させるということになるだろう。

　これらの能力を児童生徒に育むということについては，授業を通して，すでに多くの教師が熱心に取り組んでいることである。しかし，児童生徒に身に付いた技能（スキル）という観点で，これを活用させるということについては，これまであまり意識はされてきていない。「これからの時代に求められる資質・能力」という観点から考えると，身に付いた技能（スキル）として活用する場面を意図的につくっていくことが重要である。

　理科の例で示したように，理数教育での資質・能力を育てるという際には，まずは学習指導要領の理科の目標で育てることが求められている能力を育て，技能（スキル）として活用できるように取り組んでみるのがよいと考える。

（3）汎用性の高い資質・能力

　PISA調査，キャリア教育，学士力，人間力，21世紀型能力などの中には，これからの時代に必要な汎用性の高い能力が示されている。これらに示されている能力は，取り上げられている項目やニュアンスは多少異なるものの，共通する部分が多いことが分かる。例えば，コミュニケーションに関わる力などは共通して挙げられている。知識基盤社会，多文化共生社会，変化の激しい社会，情報化社会にあって，コミュニケーションに関わる力が必要とされるのは当然のことだろう。やや私見も入るが，筆者がこれらの汎用性

の高い能力の中でも，特にこれからの時代に必要であると注目しているものには，構想力（デザイン力），課題発見能力，コミュニケーション力，コラボレーション力がある。

　まず第一に，構想力について検討してみよう。構想力（デザイン力）は，理科で言えば，実験の計画を構想する段階でその能力を育成することができる。しかし，実験を児童や生徒に計画させるのは難しいし，不可能であると考えている先生方もいる。実際，実験の計画を児童や生徒にさせるのは，困難な面もある。具体的には，実験の安全性の観点や，実験の器具や試薬の準備など備品消耗品関係の予算の観点からも，困難は予想される。これら解決すべき問題はあるが，にもかかわらず児童や生徒に実験を計画させることは可能である。その方法は，一つには一度行ったことのある実験の条件を変える方法である。一度行った実験であれば，児童や生徒にも実験の方法の見通しがたち，児童生徒なりに実験の計画をすることができる。もう一つの方法としては，身近な題材を選ぶということである。身近な題材であれば，児童や生徒も見通しをもちやすく実験を計画しやすい。

　第二に，課題発見能力である。この能力を育てるのが一番の高いハードルと認識している。理科教育では，観察や実験を重視しているが，課題発見能力を育てるためには，実験を行う前の動機付け，見通しなどがこれまで以上に重視される必要があるだろう。実験の見通しをもつためには，自ら疑問や問題を発見しなければならない。また，理科の場合，その疑問や問題を理科の課題，すなわち実験や観察で確認できる課題に置き換えなければならない。疑問や問題の発見とその課題への置き換えは，まさに課題発見の能力を育てていることに他ならない。

　最後に，コミュニケーション力，コラボレーション力である。理科の授業では，日本においては2〜6名程度のグループで観察や実験を行うことが多い。そこでは当然，児童同士，生徒同士の関わりが生じる。したがって，コミュニケーション力やコラボレーション力を育てる基本的な条件はすでに備わっている。しかし，意図的に行わないと，貧弱なコミュニケーションのままでも，実験はできてしまう。また，コラボレーションに至っては，協力しないと行えないような文脈や課題になっていないと，コラボレーション力

を育てることにつながらないだろう。したがって，料理がスパイスで大きな味の変化を遂げるように，「実験」の際にコラボレーション力を育てるための指導の工夫"理科指導のスパイス"が必要になってくるだろう。

（4）理数教育の不易の能力とその育成

理科や算数・数学で育てるべき能力として，不易な能力には「思考力」が挙げられるであろう。ただ「思考力」と言っても，とても幅が広く，人によって捉え方がかなり異なっていることも事実である。例えば，理科では「科学的な思考力」という言葉をよく用いるが，①演繹的に論理的に分析して解釈していく思考と，②経験が蓄積し，突然アイディアがひらめくような思考とが含まれるだろう。前者は，「科学的なデータ・根拠に基づいて，論理的に考える」と置き換えることもできる。演繹的に考えていくので結論が収束することもあり，トレーニングもしやすい。一方，後者については，知識があることで逆に柔軟なアイディアが出なかったり，トレーニングの成果がすぐには現れなかったりすることの方が多いだろう。人によって解答の仕方は変わるし，何が正解かを決めることができない。しかし，これからの時代により一層求められている力は，後者のような拡散的に考えて，その中で課題を発見したり，デザインを自由に行ったりする力である。

（5）おわりに

ICT 機器などが発達し，直接人を介すことなく情報を収集することはできる。にもかかわらず，言語活動，コミュニケーション力，コラボレーション力など対人関係の能力やスキルがこれからの時代の能力として重視されている。これは，ある意味，人の価値の再発見である。人とどう関わっていくかが，これからの時代ますます重要になってくるということなのだろう。

・「社会の変化に対応する資質や能力を育成する教育課程編成の基本原理」平成 24 年度プロジェクト研究調査研究報告書　教育課程の編成に関する基礎的研究報告書 5　国立教育政策研究所　平成 25 年 3 月.
・「資質や能力の包括的育成に向けた教育課程の基準の原理」平成 25 年度プロジェクト研究調査研究報告書　教育課程の編成に関する基礎的研究　報告書 7　国立教育政策研究所　平成 26 年 3 月.

特別寄稿

特別寄稿 | # これからの時代に求められる資質・能力
―グローバル化社会の進展の観点から―

直山木綿子（文部科学省初等中等教育局教育課程課教科調査官）

（1） グローバル化社会の中で求められる資質・能力

　中央教育審議会教育課程企画特別部会による「論点整理」（平成27年8月26日）では，「育成すべき資質・能力の基本的な考え方」を示した上で，特にこれからの時代，グローバル化する社会の中で求められる資質・能力の一部として，「グローバル化する中で世界と向き合うことが求められている我が国においては，日本人としての美徳やよさを備えつつグローバルな視野で活躍するために必要な資質・能力の育成が求められる。言語や文化に対する理解を深め，国語で理解したり表現したりすることや，さらには外国語を使って理解したり表現したりできるようにすることが必要である」としている。そこで，本稿では，このグローバル化社会の進展の観点から，外国語教育に焦点を当てて，これからの時代に求められる資質・能力について考えることにする。

（2） 外国語教育を通して付けたい力
① 言語に関する能力の向上を図る

　「論点整理」では，外国語教育について次のように記された。「国語や外国語を使って理解したり表現したりするための言語に関する能力を高めていくためには，国語教育と外国語教育のそれぞれを充実させつつ，国語と外国語の音声，文字，語句や単語，文構造，表記の仕方等の特徴や違いに気付き，言語の仕組みを理解できるよう，国語教育と外国語教育を効果的に連携させていく必要がある。こうした言語に関する能力を向上する観点からの外国語教育の充実は，積極的にコミュニケーションを図ろうとする態度の育成や国語の能力の向上にも大きな効果があると考えられる」。

　現行学習指導要領においても言語に関する能力の向上を図ることが求めら

れているが，次期学習指導要領の方向性においてもそれは同様である。ただ，今回はこれまで焦点が当てられていなかった国語教育と外国語教育とを同じ言語教育として捉え，連携を図ることで，言語に関する能力をより向上させようというものである。

現行学習指導要領による外国語活動目標には，「外国語を通じて，言語や文化について体験的に理解を深め」るという柱が示されており，例えば，実際の授業で児童が，外来語とその基となる英語を通して「英語と日本語とでは音が違う」ことに気付くような指導がなされている。それに加えて，「日本語では，好きなものを表現するときに，好きなものが文の真ん中に来るけれど，英語では文の最後に来る」と文構造への気付きに関する発言をしている様子も見られる。このようなことにどの児童も気付くよう意図的に指導することが，今後，小学校外国語教育において求められることになると思われる。また，国語におけるローマ字表記についての学習を通して，日本語の音の性質を学習することができる。そのことが，日本語と英語の音声の違いをより理解することにつながると思われる。このような気付きや学習が，中学校英語科での文構造の学習や英語の正確な音声の習得につながるであろう。

また，母語は無意識に習得されるが，外国語というフィルターを通すことで，母語である日本語の性質や価値をよりよく理解できるようになると考える。と同時に，英語の性質や価値をよりよく理解でき，そのことが，言語の能力を向上することにつながるのではないかと考える。その具体については，今後，中央教育審議会「言語能力の向上に関する特別チーム」において審議されると思われる。

② **コミュニケーション能力を身に付ける**

外国語教育については，平成26年9月に「英語教育の在り方に関する有識者会議」が「今後の英語教育の改善・充実方策について　報告～グローバル化に対応した英語教育改革の五つの提言～」を発表しており，それをもとに中教審教育課程企画特別部会で審議されている。本報告では，高学年の教科としての外国語目標のイメージとして「外国語を通じて，言語や文化について体験的に理解を深め，積極的にコミュニケーションを図ろうとする態度の育成を図り，身近で簡単なことについて外国語の基本的な表現に関わって

聞くことや話すことなどのコミュニケーション能力の基礎を養う」（下線・点線 筆者）と示している。この目標イメージと現行学習指導要領中学校で示されている外国語科の目標「外国語を通じて，言語や文化に対する理解を深め，積極的にコミュニケーションを図ろうとする態度の育成を図り，聞くこと，話すこと，読むこと，書くことなどのコミュニケーション能力の基礎を養う」（下線・点線 筆者）とを比較すると，どちらもコミュニケーション能力の基礎を養うとなっていることが分かる。しかし，中学校のコミュニケーション能力の基礎は，点線で示した通り，4技能をバランスよく育成することであることに対して，小学校のほうは，聞くことや話すことなどの2技能であることが分かる。さらに，「身近で簡単なことについて」「基本的な表現に関わって」と規制が加わっていることも分かる。以上のことから，高学年の外国語が教科になったとしても，現在の中学校英語教育の前倒しではなく，新しい教科であることが分かる。小学校に教科としての外国語が導入された場合には，それは小学校でしかできない外国語教育であるべきだと考える。さらに「論点整理」では，小学校の外国語教育について次のように記している。「高学年においては外国語の4技能を扱う知識・技能を学び，語彙や表現などを繰り返し活用した言語活動から，自分の考えや気持ちなどを聞き手を意識しながら伝えようとするコミュニケーション活動までの総合的な活動を展開し定着を図るため，教科として系統的な指導を行うことが，また，中学年においては外国語に慣れ親しみ，『聞く』『話す』の2技能を中心に外国語学習への動機付けを高めるための外国語活動を行うことが求められる」。

　ここでは，小学校における教科としての外国語を，「定着を図る」「系統的な指導」「4技能を扱う」の三つのポイントで説明をしている。また，中学年における外国語活動については，「慣れ親しみ」「『聞く』『話す』の2技能を中心」と二つのポイントで説明をするとともに，その位置付けを「外国語学習への動機付けを高める」としている。

　一方，中・高等学校のこれからの英語教育については，「論点整理」に次のように記されている。「中学校及び高等学校の英語教育についても指導内容の抜本的な質の向上を図る必要がある。中学校段階では，小学校での学び

の連続性を図りつつ，高等学校の目標内容の高度化に向けた基礎を培う観点から，発達段階に応じた，より具体的で身近な話題についての理解や表現，簡単な情報交換ができるコミュニケーション能力を養う」「高等学校段階では，中学校との円滑な接続を図る観点から，日常生活から社会問題，時事問題など幅広い話題について，生徒の英語力等の状況に応じた発表，討論・議論，交渉等を行う言語活動を豊富に体験し，情報や考えなどを的確に理解したり適切に伝えたりするコミュニケーション能力を養う。」

　中学校は，現行の目標とは違って，「理解や表現」「情報交換ができる」と記されている。すなわち，理解は「聞く」「読む」，表現は，「話す」「書く」であり，「情報交換ができる」ためには，1技能ではなく2技能が必要であることから，4技能ばらばらではなく，2技能以上が統合された言語活動を通してコミュニケーション能力を養うことを求めている。さらに，中学生であることから，「身近な話題」「簡単な（情報交換）」と示されている。高等学校では，身近な日常生活から，社会問題，時事問題など幅広い話題を扱い，簡単な情報交換ではなく，討論や交渉等の言語活動を通して的確に理解し適切に伝えることを求めている。

　このように，これからの子供たちが，小・中・高等学校を通じて一貫した目標の下，外国語でコミュニケーションを図る力を身に付けることを求めている。情報機器類の進展や，交通機関の発達により，人，もの，情報が国境を越えて行き来するグローバル化社会においては，自身の考えや意見を発信するとともに，自身とは違う文化をもつ相手の考えや意見を理解し，折り合いを付けて着地点を見いだす，そして共に生活することが求められる。ましてや，少子高齢化，人口減が課題となっている我が国においては，これからのグローバル社会で，子供たちが大人になったときには，世界の人たちと共に働き，生活する社会となっていることが十分に予想される。社会・世界と関わり，世界の人たちと共に働き共に生活をし，よりよい人生を生きるために必要な外国語によるコミュニケーション能力を身に付けることが求められる。

特別寄稿

| 特別寄稿 | **各教科等を貫く言語活動の意味** |

大滝一登（文部科学省初等中等教育局教育課程課教科調査官）

（1）各教科等における言語活動の充実が重視される理由

　現行学習指導要領においては，確かな学力を育み，各教科等の目標の実現に資するため，言語活動の充実が重視されている。小学校学習指導要領総則「第1　教育課程編成の一般方針　1」には，

> 　　学校の教育活動を進めるに当たっては，各学校において，児童に生きる力をはぐくむことを目指し，創意工夫を生かした特色ある教育活動を展開する中で，基礎的・基本的な知識及び技能を確実に習得させ，これらを活用して課題を解決するために必要な思考力，判断力，表現力その他の能力をはぐくむとともに，主体的に学習に取り組む態度を養い，個性を生かす教育の充実に努めなければならない。その際，児童の発達の段階を考慮して，児童の言語活動を充実するとともに，家庭との連携を図りながら，児童の学習習慣が確立するよう配慮しなければならない。

として，学校教育法第30条第2項に規定されている学力の3要素を育むために言語活動の充実が重要であることが明示されている。さらに，「第4　指導計画の作成等に当たって配慮すべき事項　2（1）」には，

> 　　各教科等の指導に当たっては，児童の思考力，判断力，表現力等をはぐくむ観点から，基礎的・基本的な知識及び技能の活用を図る学習活動を重視するとともに，言語に対する関心や理解を深め，言語に関する能力の育成を図る上で必要な言語環境を整え，児童の言語活動を充実すること。

と記されており，学力の3要素のうち，特に「思考力，判断力，表現力等」を育む観点から言語活動の充実を図る必要のあることが示されている。これらの規定は中学校，高等学校においても同様であり，現行学習指導要領における改訂の重点事項となっている。

なぜ「思考力，判断力，表現力等」の育成に向けて，言語活動の充実を重視する必要があるのだろうか。

これらの規定の前提となった中央教育審議会「幼稚園，小学校，中学校，高等学校及び特別支援学校の学習指導要領等の改善について（答申）」の内容を確認しておきたい。この答申では，「思考力・判断力・表現力等の育成」として，次のように示されている。

> 今回の改訂においては，各学校で子どもたちの思考力・判断力・表現力等を確実にはぐくむために，まず，各教科の指導の中で，基礎的・基本的な知識・技能の習得とともに，観察・実験やレポートの作成，論述といったそれぞれの教科の知識・技能を活用する学習活動を充実させることを重視する必要がある。各教科におけるこのような取組があってこそ総合的な学習の時間における教科等を横断した課題解決的な学習や探究的な活動も充実するし，各教科の知識・技能の確実な定着にも結び付く。

さらに，その学習活動の例として，①体験から感じ取ったことを表現する，②事実を正確に理解し伝達する，③概念・法則・意図などを解釈し，説明したり活用したりする，④情報を分析・評価し，論述する，⑤課題について，構想を立て実践し，評価・改善する，⑥互いの考えを伝え合い，自らの考えや集団の考えを発展させる，の6点が示されている。

続いて，これらの学習活動と言語との関係について，次のように述べられている。

> これらの学習活動の基盤となるものは，数式などを含む広い意味での言語であり，その中心となるのは国語である。しかし，だからといってすべてが国語科の役割というものではない。それぞれに例示した具体の

学習活動から分かるとおり，理科の観察・実験レポートや社会科の社会見学レポートの作成や推敲，発表・討論などすべての教科で取り組まれるべきものであり，そのことによって子どもたちの言語に関する能力は高められ，思考力・判断力・表現力等の育成が効果的に図られる。

このため，学習指導要領上，各教科の教育内容として，これらの記録，要約，説明，論述といった学習活動に取り組む必要があることを明示すべきと考える。

ここでは，数式などを含む広い意味での言語が学習活動の基盤であるという基本的な認識が示され，さらに国語科だけでなく，各教科等において，言語による学習活動に取り組む必要があることが述べられている。

（2）言語活動の充実を図る上での留意点

① 言語活動とは表現に関する活動だけではない

そもそも言語活動とは言語による様々な活動のことである。言語活動といえば，話したり書いたりする表現活動のみをイメージする考え方があるかもしれないが，そうではない。言語活動には，表現に関する活動だけでなく，理解に関する活動もある。

例えば，国語科の学習指導要領に示された言語活動例「C 読むこと」には，「必要な情報を得るために，読んだ内容に関連した他の本や文章などを読むこと（小学校第3・4学年)」，「文章と図表などとの関連を考えながら，説明や記録の文章を読むこと（中学校第1学年)」など，読む活動が示されている。

この場合の「言語」とは，必ずしも国語だけを意味してはいない。「数式などを含む広い意味での言語」とあるとおり，外国語はもとより，学習において概念を表す記号全般を指すと考えられる。

② 目標を実現するための手段として，意図的・計画的に取り入れる

ただし，言語活動の充実とは，言語による様々な活動を単に数多く取り入れることを意味していない。当然のことながら，ここでの「言語活動」とは各教科等の学習活動として行われるものを意味している。

前述の言語活動例からも明らかなとおり，言語活動とは，その場で教師が思い付いたようにペアやグループでの話合い活動を取り入れるような，取って付けた単発の活動を指すものではない。したがって，言語活動を取り入れた授業といったとき，短絡的に話合い活動ばかりをイメージするのは適当ではない。

　また，言語活動自体がイベント化し，その活動自体を目指すものでもない。言語活動をうまく行うことが教師にも児童生徒にもゴールに見えてしまうと，「何のために行う活動なのか」ということが意識されにくくなり，結局，活動自体の楽しさや充実感だけが意識されていくことになりかねない。

　学習指導の目的は，あくまでも当該単元・単位時間における目標を実現させ，児童生徒に確かな学力を身に付けさせることにある。このことを決して忘れることなく，言語活動は目標を実現するための手段であることを常に念頭に置いておきたい。

　言語活動は，目標に基づいて意図的・計画的に位置付けられ，主に思考力・判断力・表現力等を育む観点から行われる活動である。このような「言語活動」を学習指導に効果的に取り入れていくことこそが，言語活動を充実させることだと言える。「活動あって学びなし」にならないよう気を付けたい。

③　国語科と各教科等との共通点と相違点を理解する

　言語活動の充実は国語科だけではなく，各教科等においても求められるところであるが，国語科と各教科等との共通点と相違点を確認しておきたい。

　まず，共通点についてであるが，前述のとおり，言語活動は目標を実現するための手段であるという基本的な考え方は同じである。

　各教科等においては，各教科等の目標を実現するための手立てとして，記録，要約，説明，論述，討論などの言語活動を充実させることとなっている。つまり，言語活動はあくまでも当該教科等の目標を実現するための手段であり，言語能力を高めたり，言語活動を実際に行うことを第一義的に指導計画を構想するのではなく，あくまでも当該教科等の目標の実現に資する学習活動として言語活動が位置付けられる必要がある。

　言語を扱う教科である国語科においても，言語活動が目標の実現のための手段であるという基本的な考え方は共通している。現行学習指導要領国語に

おいては，「内容」の中に指導事項（1）だけでなく，「（1）に示す事項については，例えば，次のような言語活動を通して指導するものとする」として，言語活動例（2）が新たに設けられており，この考え方が明確に示されたと言える。

その一方で，相違点もある。国語科の役割はそれだけではなく，基本的な国語の力を定着させたり，言葉の美しさやリズムを体感させたりするとともに，発達の段階に応じて，記録，要約，説明，論述，討論といった言語活動を行う能力を培うことにもある。実生活で生きてはたらき，各教科等の学習の基本ともなる国語の能力を身に付けさせるということである。

つまり国語科は，各教科等における言語活動の充実に資するよう，言語活動を行う汎用的な能力を育成するという重要な役割を担っていると言える。

④ 言語活動に関するカリキュラム・マネジメントの充実を図る

言語活動の充実は現行学習指導要領のキーワードとして大きな注目を浴びているが，③のような国語科と各教科等との共通点や相違点を踏まえると，単に個別の教科等の中で取り組むだけでは不十分であろう。

児童生徒は毎日複数の教科等の授業を受けている。ある特定の教科等においてのみ言語活動の充実による「思考力・判断力・表現力等」の育成が図られるだけでは偏りが生じかねない。こうした事態を防ぐためには，言語活動に関するカリキュラム・マネジメントの充実を図る必要がある。教科等相互において，言語活動の充実に関する情報交換や共通理解を図り，学校のカリキュラム全体で，言語活動の充実に基づく学力向上をどのように推進していくかについてのビジョンを共有し実践していくことが望ましい。

学校全体でのビジョンに基づく実践が図られることによって，言語活動の充実による「思考力・判断力・表現力等」がバランスよく育成され，各教科等の目標が効果的に実現されることとなる。各教科等を貫く言語活動の意味はまさにここにあると言えよう。

実践に当たっては，国語科を中核としながら，言語活動を効果的に行うことのできる言語能力の向上を図り，そうして高められた言語能力を各教科等における言語活動として確実に機能させていくための計画の策定が不可欠である。国語科において，いつ，どのような言語能力を，どのように育成して

いるのかを年間指導計画に示し，それと各教科等の年間指導計画とを効果的に整合させる視点が必要である。例えば，国語科以外の教科等で討論の方法等を最初から学ばせている場合も見られるが，討論の方法の理解や実践能力については国語科で高め，その能力を踏まえて，各教科等の授業では手段としての討論（言語活動）を確実に機能させることが大切である。

⑤　**言語活動を評価するのではなく，育成された学力を評価する**

　学習評価に際しては，目標に準拠した，観点別学習状況の評価を行うこととなっている。その充実を図るため，評価規準の作成や評価方法等の工夫改善を確実に行うことが重要であるが，言語活動を取り入れた授業における学習評価については，留意しておきたいことがある。

　それは，手段としての言語活動自体を評価するのではないということである。評価するのは，各教科等の授業において目標とした学力であり，評価規準に照らして把握できた学力である。言語活動に目を奪われ，児童生徒の活動や楽しい様子のみに意識が向かっている事例も見受けられる。十分留意したいものである。

⑥　**これまでの取組を生かし，これからの教育に対応する**

　現行学習指導要領に基づく教育課程が実施されて数年がたち，言語活動の充実の考え方もかなり浸透してきている。しかし，言語活動の充実は全く新しい考え方ではない。これまでの授業においても，一部を除き，教師の講義調の授業ばかりが行われてきたわけではなく，言語活動は取り入れられ，児童生徒主体の学習は大きな成果を上げてきたと言えるだろう。したがって，これまでの取組を上記の考え方に照らして見直し，より明確な目標と効果的な方法を計画に位置付けていくことが重要である。

　なお，一方で，いわゆるアクティブ・ラーニングなど，次期学習指導要領の改訂に向けた教育の在り方も提案されてきている。しかしこれからの教育においても言語活動の充実の重要性は揺らぐことはない。平成27年8月の中央教育審議会教育課程企画特別部会「論点整理」において，アクティブ・ラーニングの三つの視点として示された「深い学びの過程」「対話的な学びの過程」「主体的な学びの過程」を担保するためにも，目標の実現に資する効果的な言語活動を取り入れた授業改善が急務である。

I
これからの時代が求める
資質・能力とは

1 知識基盤社会に求められる コンピテンシー，リテラシー，スキルとは

(1)「知識基盤社会」とは

「知識基盤社会」という語が用いられるようになったのは，中央教育審議会「我が国の高等教育の将来像（答申）」平成17（2005）年1月28日で示されてからである。そこでは，次のように述べられている。

> ○ 21世紀は，新しい知識・情報・技術が政治・経済・文化をはじめ社会のあらゆる領域での活動の基盤として飛躍的に重要性を増す，いわゆる「知識基盤社会」（knowledge-based society）の時代であると言われている。

それは，21世紀を迎えるに当たり，社会変革の兆しが見え始めた時期でもあった。例えば，現在広く普及しているスマートフォンが登場したのは，21世紀に入った2005年前後の時期でもある。

2000年に初めて行われたOECDのPISA調査で求められたリテラシー（Literacy）は，それまでの学力観からの転換でもあった。近代の学校教育における学力は，知識の習得量とその再生の正確性に重点が置かれていた。それは，日本において，明治以降の近代化の中での教育で育成されてきた学力でもある。

このリテラシーは，「考える」ということを中核とする学力観であり，それまでの「覚える」という知識の習得を中心とした学力観からの転換でもあった。

時代は21世紀を迎え，科学技術の急速な進歩の中で，地球規模の時間的な距離は大きく短縮された。リテラシーを中心とする学力への転換が，先進諸国を中心として，世界的な広がりを見せた。

それは，これまで学力の基礎・基本とされてきた「読・書・算」だけでは

34

なく，「読・書・算」を学力の基盤としつつ，多様性が大切にされる現代社会において，これからの時代が求める学力への転換を図る学力でもあった。

これからの時代の特質として，次のようにも示されている。

○ 「知識基盤社会」の特質としては，例えば，

1. 知識には国境がなく，グローバル化が一層進む，2. 知識は日進月歩であり，競争と技術革新が絶え間なく生まれる，3. 知識の進展は旧来のパラダイムの転換を伴うことが多く，幅広い知識と柔軟な思考力に基づく判断が一層重要となる，4. 性別や年齢を問わず参画することが促進される，

等を挙げることができる。

ここに示されている特質は，高等教育における「人格の形成，能力の開発，知識の伝授，知的生産活動，文明の継承など，非常に幅広いもの」であり，初等中等教育での基礎的・基本的な学力を基盤としつつ，実社会・実生活においてよりよく機能するための学力，すなわちこれからの時代が求める学力としての意味をもつことになる。

そのような学力の育成に関しては，次のように示されている。

○ 「知識基盤社会」においては，新たな知の創造・継承・活用が社会の発展の基盤となる。そのため，特に高等教育における教育機能を充実し，先見性・創造性・独創性に富み卓越した指導的人材を幅広い様々な分野で養成・確保することが重要である。

「知識基盤社会」では，上記にも示されているように，「社会の発展の基盤」となる「新たな知の創造・継承・活用」が求められており，その育成のための教育が大きな意味をもつ。それゆえ，学校教育においては，これまで行ってきた授業からの転換を図り，教育内容を変えていかなくてはならない状況になっている。

そこで，これまでの知識の習得と再生という学力観と併せて，コンピテンシー（Competency）をベースとした学力観を取り入れることで，これからの時代が求める教育を実現できる。

(2) コンピテンシーをベースとした学力観

① コンピテンシーとしての学力とは何か

コンピテンシー（Competency）は，直訳すると「能力」という意味である。「能力」といっても様々であり，どのような能力を今日の学力の基盤とするのかが問われている。

このコンピテンシーを学力の内容として定位したのが，OECD である。OECD では，1997 年から 2003 年にかけて，「知識基盤社会」の時代を担う子供たちに必要な能力を，「主要能力（キー・コンピテンシー）」として定義付けた。この主要能力（キー・コンピテンシー）は，OECD が 2000 年から開始した PISA 調査の概念的な枠組みとなっている。そこでは，Competencies（主要能力）が，次のように定義されている。

> 単なる知識や技能ではなく，人が特定の状況の中で技能や態度を含む心理社会的な資源を引き出し，動員して，より複雑な需要に応じる能力とされる概念。

さらに，その内容は，次のように示されている。

1. 社会・文化的，技術的ツールを相互作用的に活用する能力
   A 言語，シンボル，テクストを相互作用的に活用する能力
   B 知識や情報を相互作用的に活用する能力
   C テクノロジーを相互作用的に活用する能力
2. 多様な社会グループにおける人間関係形成能力
   A 他人と円滑に人間関係を構築する能力
   B 協調する能力
   C 利害の対立を御し，解決する能力

3. 自律的に行動する能力

　A 大局的に行動する能力

　B 人生設計や個人の計画を作り実行する能力

　C 権利，利害，責任，限界，ニーズを表明する能力

○　この3つのキー・コンピテンシーの枠組みの中心にあるのは，個人が深く考え，行動することの必要性。

　深く考えることには，目前の状況に対して特定の定式や方法を反復継続的に当てはめることができる力だけではなく，変化に対応する力，経験から学ぶ力，批判的な立場で考え，行動する力が含まれる。

（出典）OECD "Definition and Selection of Competencies（DeSeCo）" を参考に文部科学省作成

　ここに示されている内容は，これまで学力として捉えられてきた知識の習得・再生としての学力観を大きく転換した，実社会・実生活に機能する学力観である。

　コンピテンシーとして示された学力の内容は，学校教育の中だけで育成するのではなく，生涯にわたって学び続ける中で育成されていくものである。

　さらに，ここで示されている学力として注目されるのが，「個人が深く考え，行動することの必要性」も併せて示されていることである。まさに，多様化した今日的な状況の中で，生涯をいかに生きていくか，そこに求められる学力の育成を図る，ということになる。

② **コンピテンシーを育成するために**

　多様化し，変化をし続けている現代社会において，コンピテンシーは，実社会・実生活に生きてはたらく学力である。そこで，このコンピテンシーを学校教育の中で育成するには，時代が求める，時代に必要な能力を明確にした上で，その育成を図らなくてはならない。

　これまで学校教育で育成してきた学力は，大学における学問を親学問として，学齢が下がるにしたがってその内容を平易にしたものを，各教科として育成してきた。そこでは，各教科の内容をカリキュラムとして組織・構成し，その習得を主に行ってきた。各教科の内容とされている知識・技能を習

得することが目的とされた教育が行われてきたのである。

そのような学力は，これまでの時代には機能してきた。しかし，これからの時代に機能する学力へと転換しなければ，未来を創ることはできない。

時代が変遷する中で，知識基盤社会における未来を創るための中核となる学力観が，コンピテンシーである。

コンピテンシーを学校教育で育成するには，コンピテンシーの対象としている内容のみではなく，学校教育で育成する資質・能力や，それを支えるため，コンテンツとしての基礎的・基本的な知識・技能も必要となる。

③ 学校教育で育成する資質・能力

今日，学校教育で求められる資質・能力の中で，最も重要なのが「考える」ことである。そのことは，日本において初めて学力を法律で定義した学校教育法の第30条第2項（平成19年6月改正）に示されている。

> 第三十条
> 2 前項の場合においては，生涯にわたり学習する基盤が培われるよう，基礎的な知識及び技能を習得させるとともに，これらを活用して課題を解決するために必要な思考力，判断力，表現力その他の能力をはぐくみ，主体的に学習に取り組む態度を養うことに，特に意を用いなければならない。
>
> （中学校については第49条，高等学校については第62条で準用）

ここに示されている学力は，「思考力，判断力，表現力」という学力である。この「思考・判断・表現」には「力」が付されており，まさに学力としての意味付けがされている。

この学校教育法第30条第2項では，学力の重要な三つの要素として，「基礎的な知識及び技能」，「思考力，判断力，表現力その他の能力」，「主体的に学習に取り組む態度」を挙げている。

平成20年の学習指導要領で「学力」としての「力」が付されているのは，「思考力，判断力，表現力」のみであり，21世紀を迎えた教育課程の中で，学力を定位したものとなった。しかし，この時点で「思考力，判断力，

表現力」の構成や内容については示されていない。

　平成 26 年 11 月 20 日に，文部科学大臣の諮問「初等中等教育における教育課程の基準等の在り方について」により，平成 32（2020）年からの学習指導要領の改訂作業が始まっている。この改訂作業に向けて，中央教育審議会教育課程企画特別部会では「これからの時代に求められる資質・能力」とその育成について議論を重ね，平成 27 年 8 月 26 日にその方向性を「論点整理」として示した（以下，「論点整理」）。

　この「論点整理」には，前記の学力の三つの要素を基に，「各教科等の文脈の中で身に付けていく力と，教科横断的に身に付けていく力とを相互に関連付けながら育成していく必要がある」として，資質・能力の要素を以下のように示している（pp.10-11）。

i）「何を知っているか，何ができるか（個別の知識・技能）」

　　各教科等に関する個別の知識や技能などであり，身体的技能や芸術表現のための技能等も含む。基礎的・基本的な知識・技能を着実に獲得しながら，既存の知識・技能と関連付けたり組み合わせたりしていくことにより，知識・技能の定着を図るとともに，社会の様々な場面で活用できる知識・技能として体系化しながら身に付けていくことが重要である。

ii）「知っていること・できることをどう使うか（思考力・判断力・表現力等）」

　　問題を発見し，その問題を定義し解決の方向性を決定し，解決方法を探して計画を立て，結果を予測しながら実行し，プロセスを振り返って次の問題発見・解決につなげていくこと（問題発見・解決）や，情報を他者と共有しながら，対話や議論を通じて互いの多様な考え方の共通点や相違点を理解し，相手の考えに共感したり多様な考えを統合したりして，協力しながら問題を解決していくこと（協働的問題解決）のために必要な思考力・判断力・表現力等である。

　　特に，問題発見・解決のプロセスの中で，以下のような思考・判断・表現を行うことができることが重要である。

・問題発見・解決に必要な情報を収集・蓄積するとともに，既存の知識に加え，必要となる新たな知識・技能を獲得し，知識・技能を適切に組み合わせて，それらを活用しながら問題を解決していくために必要となる思考。

・必要な情報を選択し，解決の方向性や方法を比較・選択し，結論を決定していくために必要な判断や意思決定。

・伝える相手や状況に応じた表現。

iii)「どのように社会・世界と関わり，よりよい人生を送るか（学びに向かう力，人間性等）」

上記のi）及びii）の資質・能力を，どのような方向性で働かせていくかを決定付ける重要な要素であり，以下のような情意や態度等に関わるものが含まれる。

・主体的に学習に取り組む態度も含めた学びに向かう力や，自己の感情や行動を統制する能力，自らの思考のプロセス等を客観的に捉える力など，いわゆる「メタ認知」に関するもの。

・多様性を尊重する態度と互いのよさを生かして協働する力，持続可能な社会づくりに向けた態度，リーダーシップやチームワーク，感性，優しさや思いやりなど，人間性等に関するもの。

これらのことから，学校教育で育成する資質・能力は，学校教育法第30条第2項で示されている学力が，次期学習指導要領においても継承され，より具体的な内容として整理されていることが見て取れる。

このような学力観は，OECD が示しているコンピテンシー・ベースの学力を志向するものであり，学校教育においてはコンテンツ・ベースの学力とともに，その資質・能力をいかに育成するかが，課題となっている。

(3)「考える」学力を育成するために

日本の学校教育で育成すべき学力は，実社会・実生活に生きる「コンピテンシー（Competency）」を志向する。それゆえに，学校教育において育成するのは，「思考力・判断力・表現力」に示されている学力である。

この学力はOECDが行った2000年からのPISA調査におけるリテラシー（Literacy）で示されている学力と通じる。

学校教育で育成する資質・能力は，これまでの学校教育で育成してきた知識・技能の習得と再生という学力観から，「思考力・判断力・表現力」という「考える」ことを中核に据えた学力観へと大きく転換した。

リテラシーとは，これまで辞書的な意味で「読み書き能力」と言われてきたが，OECDは，それを「考える能力」と定義付けている。このリテラシーは，知識基盤社会において最も重要とされる能力であり，その育成をいかに行うか，ということが問われている。

この「考える能力」が，日本の学校教育において十分に育成されていなかったことが顕著になったのは，2003年と2006年に行われたOECDのPISA調査における読解力（Leading literacy）の結果によるものであった。

2000年から3年ごとに行われているPISA調査の読解力の調査問題で，日本の生徒（15歳を対象）は，上記の2回の調査において，選択肢の問題については良好な結果を残したものの，自由記述や論述で解答を求める問題に対して，無解答が極端に多いという結果になった。

日本における試験問題で解答を求める際には，選択式のものが多く，自分の考えを記述したり論述したりするものが少ないことから，問いを「考えて，記述して，説明する」ことに慣れていなかったことも一つの原因であることが分かった。

まさに，自分で考え，それを記述や論述することによって説明するという学力の育成を，それまで行ってこなかったことが，PISA調査によって顕著になったのである。そして，この頃より，日本の子供たちの学力低下がメディア等で言われるようにもなった。

そこで，平成19（2007）年より，全国学力・学習状況調査が行われるようになった。調査の目的は，「義務教育の機会均等とその水準の維持向上」であり，その取組において，教育内容の検証と改善を行い，学習指導に生かそうとするものである。

そこで，国語と算数・数学の教科に関する調査において，「主として『知識』に関する問題」と「主として『活用』に関する問題」とに分けて調査が

行われた。

　平成 19 年以降，継続的に行われているこの全国学力・学習状況調査は，これまで述べてきたような「考える能力」を育成するための指針や方策を得ようとするものであった。

　その結果として，学力が改善傾向にあることは，PISA 調査等の各種の国際調査の結果からも認められる。また，そのことは近年の全国学力・学習状況調査における全国の平均正答率との差異が 5 ％の範囲にほとんどの都道府県が入ったことからも認められる。

　しかしその一方で，本調査への事前の対策が各地で行われ，それによってもたらされた結果であることは，憂うべき状況である。日々の授業における学習の成果として，この調査での無答率が減少したり正答率が向上したりしたということであれば，その意味はある。しかし，事前に全国学力・学習状況調査に出題される問題と似通った傾向のテスト問題の練習をしたり，対策をしたりすること，さらにその事前に行われるテスト問題を基に弱点を補強したりすることは，全国学力・学習状況調査のための授業を行うことになり，調査の本来の目的から大きく外れてしまう。

　「全国学力・学習状況調査」という名のとおり，これはあくまで「調査」であり，都道府県ごとの順位を付けたり，競争を行ったりするものではないことを確認したい。このような傾向が続けば，日本の学力を，きわめて矮小化された，かつ限定化された学力に押しとどめることになる。

　全国学力・学習状況調査の「主として『知識』に関する問題」では，「論点整理」に示されているように，これまでの日本の学校教育で求める学力が，「i)「何を知っているか，何ができるか（個別の知識・技能）」に重点が置かれた問題となっている。それは，これまでの日本の学校教育における学力として，認められてきた学力でもある。

　しかし，学力としての知識・技能のみではなく，「論点整理」の，「ii)「知っていること・できることをどう使うか（思考力・判断力・表現力等）」に示されている内容は，21 世紀に求められる学力であり，その育成が今日重要な課題となっている。

　このような学力を調査しようとしているのが全国学力・学習状況調査の

「主として『活用』に関する問題」である。それは，PISA調査で求めているリテラシーの能力に通じる学力であり，グローバル化が進む国際社会の中で，これからの時代を生きる子供たちに対して，育成しておかなくてはならない学力でもある。

　だからこそ，全国学力・学習状況調査では，「知識」を主とする問題と「活用」を主とする問題とに，あえて分けて出題されているのである。

　この全国学力・学習状況調査で問いかけている学力観は，これまでの日本の学校教育において得意とされてきた「知識」の習得のみならず，「考える」学力の育成をも図ろうとするものである。しかるに，この「知識」と「活用」は，二項対立の中にとどめる学力ではなく，相互補完的かつ相乗的で，さらに，連続的なスパイラルの中でこそ育成される学力でもある。

（4）知識基盤社会に求められるスキルとは

①　スキルに問われるもの

　コンピテンシー（Competency）とリテラシー（Literacy）とスキル（Skill）との関係は，次のように整理される。

　Competency ＞ Literacy ＞ Skill

　コンピテンシー（Competency）を生涯にわたる能力として育成するために，学校教育で育成すべき資質・能力としてのリテラシー（Literacy）＝「『考える』能力」があり，「その資質・能力を育成するための技能」としてのスキル（Skill）があるという構造で，この三つの関係を捉えたい。

　コンピテンシーは，実社会・実生活に機能する能力であり，その能力は，学校教育においてリテラシーを育成することによって可能となる。リテラシーは，学校教育を通して育成される学力であり，そこには，スキルとして育成すべき技能も含まれている。

　しかるに，リテラシーに関しては，「考える」能力という定義を当てはめることができるが，スキルに関しては，その訳は「技能」であり，対象は明確にされていない。また，能力と技能との学習上の区別をすることが難しい場合も多くある。

　今日，学校教育における能力の育成としてリテラシーがその主要な概念と

して取り上げられるとき，単に「考える」ことを学力観の中核に据えても，それのみではバランスのよい学力を育成することはできない。

「考える」ために必要な資質・能力を育成するための技能（Skill）が必要となる。それは，リテラシーを支える技能として必要なスキルであり，リテラシーそのものは，自然に身に付くものではないことからも，育成すべき資質・能力の基盤となるスキルの内容が問われる。

② 資質・能力の育成のための基盤となるスキルとは

学校教育で育成すべき資質・能力は，これまで各教科の授業，道徳や特別活動等を通して育成されてきた。そこでは，授業における教科等の内容に即した資質・能力の育成が行われてきた。

しかし今日，教科等による学力の育成のみでは，その範囲が限られてしまい，その枠組みを超えた資質・能力が求められる時代を迎えている。そこで，これまでスキルの対象とされてきた内容もまた，資質・能力に合ったものが求められるようになってきている。

例えば，リテラシーを育成するために必要な他からの情報の受容は，「聴く」ことによって受信される。これまで「聴く」という学力の育成は，国語科の授業における「聞くこと」の学習によって行われてきた。教科国語として，「聞くこと」の学力の育成が図られなくてはならない。

しかし，「聴く」ことは，他の教科の学習においても重要なスキルとなる。つまり，これまでの教科の学習を超えた，学習の基盤となるスキルの育成も，各教科の授業を通して行われなくてはならないのである。

知識基盤社会の時代である今日，これまでの時代で有用であった教育内容が無用になることもある。さらに，「子供たちの 65 ％は将来，今は存在していない職業に就く」（キャッシー・デビットソン）という予測もある。グローバル化された国際社会の中で，これからの時代を生きていく子供たちに必要な資質・能力に生きるスキルを，学校教育の全ての教科等を通して育成することの重要性が，これまで以上に増している。

このスキルを構成する要素として，諸外国においては様々な資質・能力の内容が示されている（図1を参照）。その中では，「認知スキル」と「社会スキル」とに分けて示されているが，技能としてのスキルの枠組みを超えた資

質・能力までをも含んでおり，コンピテンシーやリテラシーと，スキルとの関係が不分明のまま項目として挙げられている。

日本の学校教育においてスキルを定位するならば，コンピテンシー，リテラシー，スキルの概念整理を行い，それぞれが学校教育の中で育成すべき学力として，どのようなものであるのか，その内容を具体的にしたい。そして，スキルの具体が，どのような授業を通して育成されるのかを示すことで，評価する教師や評価される児童生徒にも，その内容が分かりやすくなる。

資質・能力の基盤となる「社会スキル」は，学校の授業の場において，子供たちの学びに対して機能するスキル（知識・技能）を対象とした方が具体的である。そのため，リテラシーを支えるものとして教育内容にスキルを定位させようとするならば，スキルの内容を学習に向き合う「知識と技能」とに焦点化した方が，各教科の内容とともに，各教科の内容を超えた学力としての資質・能力の育成の指導が行いやすくなる。

一方，「認知スキル」は，学校教育法第30条第2項に示されている学力の重要な要素としての「思考力，判断力，表現力」として，その実現状況を評価することにより，「思考力，判断力，表現力」の具体的な内容が，各教科によって育成しやすくなる。

そこで，諸外国の教育改革での能力の整理を基に，日本の学校教育にあった資質・能力育成の基盤となるスキルの定義化が，今日求められている。

図1の中で，OECD（DeSeCo）の示している「社会スキル」のうち，「自律的活動力」は「社会スキル」として位置付けられていることもあり，その対象は学校教育全体を通して育成する内容となっている。一方，「異質な集団での交流力」に関しては，「人間関係力」「協働する力」「問題解決力」が下位項目となっており，授業における学習によって育成できる学力である。

しかし，このDeSeCoのキー・コンピテンシーをそのまま日本の学校教育に当てはめることには無理がある。

日本の学校教育において育成すべき資質・能力として，コンピテンシーは「論点整理」の（資質・能力の要素）「iii）『どのように社会・世界と関わり，よりよい人生を送るか（学びに向かう力，人間性等）』」（p.11）に当てはめることができる。リテラシーは，同じく「ii）『知っていること・できるこ

OECD (DeSeCo)		EU	イギリス	オーストラリア	ニュージーランド	(アメリカほか)	
キーコンピテンシー		キーコンピテンシー	キースキルと思考スキル	汎用的能力	キーコンピテンシー		
相互作用的道具活用力	言語、記号の活用	第1言語外国語	コミュニケーション	リテラシー	言語・記号・テキストを使用する能力		基礎的リテラシー
	知識や情報の活用	数学と科学技術のコンピテンス	数字の応用	ニューメラシー			
	技術の活用	デジタル・コンピテンス	情報テクノロジー	ICT技術		情報リテラシー ICTリテラシー	
反省性（考える力）（協働する力）（問題解決力）		学び方の学習	思考スキル（問題解決）（協働する）	批判的・創造的思考力	思考力	創造とイノベーション／批判的思考と問題解決／学び方の学習／コミュニケーション／コラボレーション	認知スキル
自律的活動力	大きな展望	進取の精神と起業精神		倫理的理解	自己管理力	キャリアと生活	社会スキル
	人生設計と個人的プロジェクト		問題解決 協働する				
	権利・利害・限界や要求の表明	社会的・市民的コンピテンシー 文化的気づきと表現		個人的・社会的能力 異文化間理解	他者との関わり 参加と貢献	個人的・社会的責任	
異質な集団での交流力	人間関係力					シティズンシップ	
	協働する力						
	問題解決力						

図1 諸外国の教育改革における資質・能力目標
中央教育審議会教育課程企画特別部会「論点整理」補足資料, p.177
(国立教育政策研究所「育成すべき資質・能力を踏まえた教育目標・内容と評価の在り方に関する検討会（第6回）」平成25年6月27日配付資料)

とをどう使うか（思考力・判断力・表現力等）』」（p.11）に当てはまる。

同様に，スキルは「i）『何を知っているか，何ができるか（個別の知識・技能)』」（p.10）に該当する。しかし，そこでは「各教科等に関する個別の知識や技能などであり」とされているように，「知識・技能」が一体とされており，「知識・技能」を学習者が自ら習得する学力を支えるものとなる。そこで，スキルの対象は，習得や習熟することのできる各教科等における学習内容であると言える。

次期学習指導要領の改訂において，学力としての資質・能力は，学校教育法第30条第2項に示されている学力の重要な三つの要素に合わせた「知識・技能」「思考力・判断力・表現力」「主体的に学習に取り組む態度」であることは，これまでも述べてきた。問題は，その対象となる学習内容が定位できていないことである。日本における育成すべき資質・能力については，「論点整理」において，日本版カリキュラム・デザインのための概念として，次の図2のように示している。

Ⅰ　これからの時代が求める資質・能力とは

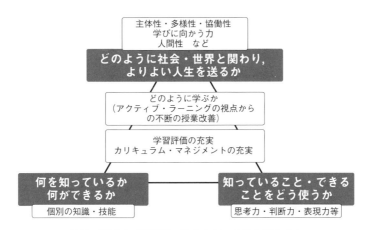

図2　育成すべき資質・能力の三つの柱を踏まえた
日本版カリキュラム・デザインのための概念
中央教育審議会教育課程企画特別部会「論点整理」補足資料，p.27

　これからの時代に求められる資質・能力は，図2に示されている「個別の知識・技能」というコンテンツ・ベースの学力と「思考力・判断力・表現力等」というコンピテンシー・ベースの学力とを，相互に関わらせながら育成することにより，「主体性・多様性・協働性　学びに向かう力　人間性　など」のコンピテンシーとして示されている学力の育成を図ることにある。

　それを具現化するため，学校教育においては，「何を知っているか，何ができるか」というスキルとして育成すべきコンテンツ・ベースの各教科等の内容と，「知っていること・できることをどう使うか」というリテラシーとしてのコンピテンシー・ベースの学力とを，カリキュラム・マネジメントによって両立させながら育成することを通し，「どのように社会・世界と関わり，よりよい人生を送るか」という「生涯にわたり学習する基盤」を培い，実社会・実生活に生きてはたらくコンピテンシーとしての資質・能力の育成を図ることが求められている。

　そのため，図2に示されている三つの柱を踏まえたカリキュラム・マネジメントを通して，児童生徒に上記の資質・能力の育成を図ることが，知識基盤社会と言われている今日の学校教育における重要な課題となっている。

2 これからの教育はグローバル化に
どう対応するか
——「ダイバーシティ」の視点から——

　平成 20 年告示の学習指導要領は，「21 世紀は，新しい知識・情報・経済・文化をはじめ社会のあらゆる領域での活動の基盤として飛躍的に重要性を増す，いわゆる『知識基盤社会』の時代であると言われている。このような知識基盤社会化やグローバル化は，アイディアなど知識そのものや人材をめぐる国際競争を加速させる一方で，異なる文化や文明との共存や国際協力の必要性を増大させている。このような状況において，確かな学力，豊かな心，健やかな体の調和を重視する『生きる力』をはぐくむことがますます重要になっている」と指摘している[1]。

　この「知識基盤社会」について，平成 20 年 1 月 17 日の中央教育審議会答申では，次のように述べている[2]（下線は筆者）。

　　「知識基盤社会」の特質としては，例えば，①知識には国境がなく，グローバル化が一層進む，②知識は日進月歩であり，競争と技術革新が絶え間なく生まれる，③知識の進展は旧来のパラダイムの転換を伴うことが多く，幅広い知識と柔軟な思考力に基づく判断が一層重要になる，④性別や年齢を問わず参画することが促進される，などを挙げることができる。

　　このような知識基盤社会化やグローバル化は，アイディアなどの知識そのものや人材をめぐる国際競争を加速させるとともに，異なる文化・文明との共存や国際協力の必要性を増大させている。

　本節では，「グローバル化」が一層進むこれからの社会において求められる資質・能力の具体，また，それを育成するためのこれからの教育の方向性について考察する。

（1）「グローバル化」とは

① 「グローバル化」の意味するもの

　内閣府では，我が国の成長の牽引力となるべき「グローバル人材」の育成と，そのような人材が社会で十分に活用される仕組みの構築を目指して「グローバル人材育成推進会議」を設置した。そして，その審議をまとめた「グローバル人材育成戦略」では，グローバル化を次のように定義している[3]。

> 　「グローバル化」とは，今日，様々な場面で多義的に用いられるが，総じて，（主に前世紀末以降の）情報通信・交通手段等の飛躍的な技術革新を背景として，政治・経済・社会等あらゆる分野で「ヒト」「モノ」「カネ」「情報」が国境を越えて高速移動し，金融や物流の市場のみならず人口・環境・エネルギー・公衆衛生等の諸課題への対応に至るまで，全地球的規模で捉えることが不可欠となった時代状況を指すものと理解される。

　このような状況においては，国際公用語としての英語の重要性が大きくなる。事実，教育再生実行会議の第三次提言「これからの大学教育等の在り方について」では，「初等中等教育段階からグローバル化に対応した教育を充実する」[4]として，小学校の英語学習の抜本的拡充，中学校における英語による英語科の授業の実施，少人数での英語指導体制の整備，高校生の海外交流事業や短期留学参加への支援等について，国が積極的に推進するとしている。しかし，単に英語のスキルを強化することがグローバル化に対応した人材を育成することになるのであろうか。

② 育成すべき「グローバル人材」とは

　「グローバル人材育成戦略」では，我が国がこれからのグローバル化した世界の経済・社会の中にあって育成・活用していくべき「グローバル人材」の概念として，次の三つの要素を挙げて整理している。

> 要素Ⅰ　語学力・コミュニケーション能力
> 要素Ⅱ　主体性・積極性，チャレンジ精神，協調性・柔軟性，責任感・

使命感

　　要素Ⅲ　異文化に対する理解と日本人としてのアイデンティティー

　筆者は，日本人の国民性や，現在の我が国の教育が直面している課題と関連して，「要素Ⅰ」（語学力）以上に「要素Ⅱ」「要素Ⅲ」に関わる資質・能力の育成を図ることが重要であると考えている。

　ここでは「要素Ⅲ」の「異文化に対する理解」に関わる「ダイバーシティ」について，自身の経験も踏まえて述べてみたい。

(2)　グローバル人材に求められる資質・能力としての「ダイバーシティ」

①　日本企業における「グローバル人材」

　「グローバル人材」の育成あるいは活用について，企業の側ではどのように考えているのであろうか。

　フリービット株式会社戦略人事部ジェネラルマネージャーの酒井穰氏は，「グローバル化は不可逆的なプロセスで超高速に進行」しているので「今は周囲に外国人がいないからという理由で，将来も同様であると判断するのはあまりにもナイーブ」であり，「すべての日本人がグローバルな人材市場に投げ出されようとしている現在，きちんとした人材育成を打ち出せない日本企業は，従業員の多くを路頭に迷わせることになる」と指摘し，グローバル化に対応した人材育成の必要性を強調している[5]。

　また，日産自動車株式会社人事本部副本部長の奈良崎修二氏は，「会社がグローバル化しダイバーシティが進むほど実は重要性が増してくるのは，日本企業である以上，いかに世界で通用する日本人を育成していくかということだと思います。日産の場合も，モノづくり部門を中心とする日本の強さをしっかり継承していかなければ世界市場でのブランド価値を上げていくことはできません。やはり最後は，世界に通用する，多様な人々をリードできる日本人の育成が残された課題にあるのだと思います」と述べ，「世界に通用する日本人」に必要な資質・能力として，「多様な人々をリードできる」ことを挙げている[6]。

50

筆者は平成26年度の1年間，横浜市立学校教員企業等長期派遣研修として，日産自動車株式会社人事本部グローバル人財開発部人財開発グループに勤務した経験がある。日産自動車の本社は横浜駅前に位置するが，そこで働く従業員の国籍は36か国にのぼっている。また，執行役員ポストの25％，世界各拠点の主要ポストの80％は外国人である。担当した業務においても，社内イントラネットに掲載する記事の作成，社内研修の企画・運営等の場面において英語を使用したり，外国人と仕事の打合せをしたりする機会は少なくなかった。そのような場面で常に意識していたのが「ダイバーシティ」である。

　日産自動車の人財開発インストラクターの内田光彦氏は，企業人としてのスタートである新入社員研修について，「ダイバーシティの重要性やグローバル企業で働く，ということを新入社員に分かってもらうことから研修を始める」と語る[7]。例えば，入社式において最高経営責任者（CEO）のカルロス・ゴーン氏が登壇し英語で行うスピーチを聴くことによって，「上司や同僚が外国人なのは当たり前」という意識をもたせるようにしている。また，「グローバルマインドセット」「ダイバーシティ」等の内容に関する集合型の研修において，ダイバーシティを推進する専門部署の担当者の講義を受講させたりすることを通して，世界の人材と連携・協働して仕事を進めることの重要性を理解させるようにしている。これらのことを通して，筆者は日本企業もグローバル化に対応できなければ仕事ができない状況になりつつあることを実感した。

②　グローバル化のキーワード「ダイバーシティ」

　企業・団体の若手人事・労務担当者等の約30名で構成され，平成12年8月に発足した日経連ダイバーシティ・ワーク・ルール研究会の報告書「原点回帰—ダイバーシティ・マネジメントの方向性—」は，「ダイバーシティの本質は，異質・多様を受け入れ，違いを認め合うことである」としている。そして，ダイバーシティとは，「多様な人材を活かす戦略」であり，「従来の企業内や社会におけるスタンダードにとらわれず，多様な属性（性別，年齢，国籍など）や価値・発想をとり入れることで，ビジネス環境の変化に迅速かつ柔軟に対応し，企業の成長と個人のしあわせにつなげようとする戦

略」であると定義している[8]。グローバル化が進む社会において，日本人にとって馴染みの深い「以心伝心」はもはや通用せず，多様な価値観と調和する新しいコミュニケーションの仕組みを構築していかなければならないと考える。そのような仕組みを構築し，その中で活躍しうる人材の育成に向けて，これからの教育にはどのようなことが求められるのか。

(3) 次期の学習指導要領に向けて

「論点整理」では，「2. 新しい学習指導要領等が目指す姿」の「(2) 育成すべき資質・能力について」において，「グローバル化する社会の中で」として，次のように述べられている（p.13）。

> （略）グローバル化する中で世界と向き合うことが求められている我が国においては，日本人としての美徳やよさを備えつつグローバルな視野で活躍するために必要な資質・能力の育成が求められる。言語や文化に対する理解を深め，国語で理解したり表現したりすることや，さらには外国語を使って理解したり表現したりできるようにすることが必要である。（中略）
>
> また，日本のこととグローバルなことの双方を相互的に捉えながら，社会の中で自ら問題を発見し解決していくことができるよう，自国と世界の歴史の展開を広い視野から考える力や，思想や思考の多様性の理解，地球規模の諸課題や地域課題を解決し持続可能な社会づくりにつながる地理的な素養についても身に付けていく必要がある。

「論点整理」では，次期の学習指導要領の在り方について，「指導すべき個別の内容事項の検討に入る前に，まずは学習する子供の視点に立ち，教育課程全体や各教科等の学びを通じて「何ができるようになるのか」という観点から，育成すべき資質・能力を整理する必要がある。その上で，整理された資質・能力を育成するために「何を学ぶのか」という，必要な指導内容等を検討し，その内容を「どのように学ぶのか」という，子供たちの具体的な学びの姿を考えながら構成していく必要がある」と指摘している。本節におい

て述べた「ダイバーシティ」だけでなく，グローバル人材の育成という視点から，まずは育成すべき資質・能力を整理し，それらを各教科等の指導内容に位置付け，指導方法を工夫していかなければならない。そのためには，例えば，国語と外国語（英語）の授業に「言語の教育」としての共通点を見いだし，関連を図る授業を展開したり，持続可能な社会を実現するために各教科等で習得した知識を有機的に関連させて活用させたりする等，これまで以上に各教科等を横断する発想が求められる。特に，ダイバーシティを学ぶ上では，特別の教科である道徳において「様々な文化や価値観を背景とする人々と相互に尊重し合いながら生きること」について考えたり，特別活動において「よりよい生活や人間関係を築こうとする自主的，実践的な態度」を育んだり，総合的な学習の時間において「実社会や実生活との関わりを重視」し，「教科等の枠を超えた横断的・総合的な学習，探究的な活動を行うこと」は今後ますます重要であると考えられる。

　これからの教育には，これまで以上に「世界で通用する日本人」を育成することが求められる。このことを実現するためのカリキュラム・マネジメントの在り方について，「社会に開かれた教育課程」の視点を大切にして，さらに考えていきたい。

1　文部科学省『中学校学習指導要領解説　総則編』p.1，2008.
2　中央教育審議会「幼稚園，小学校，中学校，高等学校及び特別支援学校の学習指導要領等の改善について（答申）」p.8，平成20年1月17日.
3　グローバル人材育成推進会議「グローバル人材育成戦略（グローバル人材育成推進会議審議まとめ）」p.8，平成24年6月4日.
4　教育再生実行会議「これからの大学教育等の在り方について（第三次提言）」平成25年5月28日
5　酒井穣『「日本で最も人材を育成する会社」のテキスト』p.23，光文社新書，2010.
6　日本能率協会マネジメントセンター「人材教育」2014年7月号，pp.40-45，2014.
7　「日経産業新聞」2015.1.19
8　『『日経連ダイバーシティ・ワーク・ルール研究会』報告書の概要　原点回帰—ダイバーシティ・マネジメントの方向性—」
　http://www.mext.go.jp/b_menu/shingi/chousa/shougai/008/toushin/030301/02.htm#top

3-1 各教科等における資質・能力の育成とは
―小学校―

（1）はじめに

　折り紙で折り鶴を作る授業を想定してみよう。

　児童全員にきれいな鶴を折らせるにはどうしたらよいだろうか。まず，教師が最初の折り方を見せた後，全員に折らせる。教師は机間指導しながら，一人一人の作業を確認し，できていない子がいれば一緒に折ってやる。これをワンステップずつ繰り返していけば，全員がきれいな鶴を折り上げることができるだろう。

　しかし，鶴の折り方を覚えることがそれほど重要だろうか。知りたければ，パソコンやスマートフォンで調べることもできる。

　例えば，すでに折り上がった鶴をグループに一つずつ渡し，それを参考にして折らせてみてはどうだろう。児童は，まず，渡された折り鶴を開いてみるに違いない。そして，それを再生しようと試みるだろう。山折りと谷折りに注目する子がいるかもしれない。折り線の長さに注目する子がいるかもしれない。児童は試行錯誤を繰り返す中で，いろいろと考えることだろう。

　グループ内で話し合うことはもとより，うまくいっていないグループが，うまくいっているグループに折り方を聞くかもしれない。互いに教え合いながら，作業を進めていく姿が見られるかもしれない。そうしたところに，温かいコミュニケーションが生まれる。

　できあがった鶴はしわくちゃなものになってしまうかもしれない。それでも児童にとっては，自分たちの力で折り上げた，大切な鶴になるはずだ。

　さて，鶴を折り終わった後で，教師がこんな課題を出したとする。

　「今度は『かぶと』を折ってみよう」

　最初の方法で指導したならば，児童はこう言うだろう。

　「先生，まだ習っていません」

　しかし，後の方法で指導したならば，児童はこう言ってくれるのではない

だろうか。

「先生，実物を見せてください。そしたらみんなでやってみます」。

（2）学び続ける力

「子供たちの 65 ％は将来，今は存在していない職業に就く」という，ニューヨーク市立大学のキャシー・デビットソン教授の言葉には驚かされたが，一方で，これだけ社会の変化が激しいと，そんなこともあるかもしれないと納得もさせられる。予測不可能な社会に巣立っていく児童に対し，学校は何ができるであろうか。

各教科等のこれからを考える出発点はここにある。

知識や技能は肥大化し続けている。知識の蓄えや再生の正確さにおいては人工知能にかなわないし，多くの技能はロボットが代替してくれる。しかし，人工知能やロボットは，答えの定かでない問いや答えが複数存在する問い，あるいは，その時々の状況によって答えが異なってくるような問いに答えることは得意としていない。そうした問いについて考えたり答えたりすることは，将来にわたって，私たち人間の仕事であろう。「覚える力」ではなく，「考える力」の育成が求められている。

また，知識や技能は変容し続けている。学校で習った知識や技能だけで一生を過ごせる時代はとうに終わってしまった。在学中には存在しなかった職業に就く可能性もあるのだから，学校を卒業した後も学び続けるための，意欲や学び方を身に付けておくことが求められる。

さらに，グローバル化や情報化の急速な発展は，異質な存在とのコラボレーションを必要としている。他人に勝ることより，他人と協働することが重要となってきている。持続可能な社会を構築していくために，競争から協働へと世の中全体がシフトしてきているのであり，こうした時代にあっては，共に学ぶ力の育成が求められている。

（3）次期学習指導要領の方向性

次期学習指導要領は，戦後最大の改訂になるだろうと言われている。というのは，今までの指導事項がどちらかといえば内容中心であったのを改め，

育成すべき資質・能力という観点で整理し直そうとしているからである。そして，「論点整理」では，資質・能力の三つの柱として以下のものが挙げられた（pp.10-11）。

　　i 「何を知っているか，何ができるか（個別の知識・技能）」
　　ii 「知っていること・できることをどう使うか（思考力・判断力・表現力等）」
　　iii 「どのように社会・世界と関わり，よりよい人生を送るか（学びに向かう力，人間性等）」

　一読して明らかなとおり，これは学校教育法第30条第2項に示された学力の三要素，すなわち「基礎的な知識及び技能」「これらを活用して課題を解決するために必要な思考力，判断力，表現力その他の能力」「主体的に学習に取り組む態度」を発展させたものである。したがって，次期学習指導要領は，示し方において内容中心から能力中心へと大きな転換をするが，そのベースとなる学力観においては，学校教育法に示されたものから大きく変わることはないと考えてもよいだろう。学力観が変わらないということは，現在進められている「各教科等における言語活動の充実」や「見通しと振り返りの重視」などの授業改善の取組も引き続き大切にされていくことになると思われる。

（4）学ぶ力を育てる

　最近は，アクティブ・ラーニングという言葉を耳にすることが多くなった。日本語に訳せば，能動的な学習ということになろう。アクティブ・ラーニングなどというカタカナ語を使うと，何か目新しいもののように見えるが，これは，もともとは大学の講義中心の授業を改善するために打ち出された方針であり，小学校においては以前から行われていたものである。しかし，小学校においても，今後一層推し進めることが期待されている。その理由について考えてみよう。

　先に述べたように，これからを生きる児童には，「知っていることを使っ

て，どのように社会・世界と関わり，よりよい人生を送るか」という資質・能力が求められている。

今は小学生であっても，やがては社会に出ていく。社会に出れば，比喩的な意味での先生はたくさんいるであろうが，教えることを専門とする教師がいつもそばにいるわけではない。自分で学び続けることが求められる。また，今現在であっても，家に帰れば教師はいないわけで，やはり自分で学ぶ力が求められている。教師がいないところでも自分で学んでいくことができるようにするために必要なものは何か。それは主体的に学ぼうとする意欲と，友達や同僚などと協働して学ぼうとする姿勢，そして調べたり考えたりする技術，つまり，一言でいえば「学ぶ力」を身に付けることだと思われる。その育成のために，今，学校が取り組むべき課題が，講義型の授業からアクティブ・ラーニングで学ぶ授業への転換である。

ただし，高等教育におけるアクティブ・ラーニングの考え方をそのまま小学校教育に持ち込むことは適切ではない。なぜなら，主体的・協働的に学ぶためには，その意義を実感的に理解するとともに，その方法についても学んで身に付けておかなければならないからであり，それらは教師の力によって意図的・計画的に指導されなければ身に付かないものだからである。いきなり，「グループで話し合ってごらん」では，児童は戸惑うばかりであろうし，深い学びの実現は望むべくもない。

小学校においてもう一つ考えておかなければならないのは，学年によって発達の段階が異なるのはもとより，学習経験が大きく異なるということである。6年生になれば5年間の学習経験が活用できるが，1年生は学習そのものに初めて出会うのであるから，学習経験はほとんど活用できない。

したがって低学年における教師は，まずはそれぞれの児童のよさや個性を捉え，それを基に発達の段階に応じた主体的・協働的な学びを組織して，共に学ぶことの楽しさや分かる喜びを実感させていく。一方，高学年の教師は低学年で身に付けてきた主体的・協働的な学びを一層促進する観点から，ファシリテーターの役割を引き受け，児童がよりアクティブに学ぶことができるようサポートしていく。児童の実態や学級の状況を踏まえつつ，児童の学ぶ力を着実にステップアップさせていくような指導が望まれる。

（5）教科の壁を低くする

「論点整理」においては，全教職員が力を合わせてカリキュラム・マネジメントに取り組み，アクティブ・ラーニングを中核とした授業改善に取り組むべきことが強調されている。そこには，カリキュラム・マネジメントの三つの側面として，以下の内容が掲げられている（p.22）。

① 各教科等の教育内容を相互の関係で捉え，学校の教育目標を踏まえた教科横断的な視点で，その目標の達成に必要な教育の内容を組織的に配列していくこと。

② 教育内容の質の向上に向けて，子供たちの姿や地域の現状等に関する調査や各種データ等に基づき，教育課程を編成し，実施し，評価して改善を図る一連のPDCAサイクルを確立すること。

③ 教育内容と，教育活動に必要な人的・物的資源等を，地域等の外部の資源も含めて活用しながら効果的に組み合わせること。

ここで注目すべきは，①の内容であろう。教科横断的な指導については，教科担任制が一般的な中学校や高等学校より小学校の方がずっと行いやすいにもかかわらず，なかなか進まない現実があった。

しかし，よりよく生きるための資質・能力は教科の縦割り指導で育成できるであろうか。教科目標を足し算したら「生きる力」が育成されるであろうか。

2011年3月，筆者はドイツ・ヘッセン州にある「グリム兄弟校」を訪問した。その時，小学校（グルントシューレ）の校長先生にもインタビューを行ったが，そこで驚くべき話を伺うことになった。

この夏からヘッセン州で新しい法律ができました。教育の到達目標が変わりました。今までは学年ごとにありましたが，例えば小学校の4年間で最終的にここまで到達してほしいというスタンダードができて，今年の夏からスタートします。

教科ごとに到達目標があるのではなく，子供たちのそれぞれの能力，

> 例えばどれくらい研究発表する力があるか，あるいはどれくらいインターネットで仕事ができるか，あるいはどれくらい読解力，テキストを読む力があるのかといった目標になります。今までは教科ごとの目標だったのを全体的な目標に変えます。

通訳の方を介して聞き取った話なので私の理解違いがあるかもしれないし，それがヘッセン州以外にも広がっているのかは聞きそびれたが，それにしても教科目標を廃止するというのは衝撃的な話であった。

かつての問題解決学習では，児童生徒の「これをやりたい」という思いから教科の壁を壊していった。これからは，児童生徒に付けたい資質・能力は何かという視点から，教科を横断するような指導がもっと開発されてもよいのではないか。

そして，それは教科等のそれぞれの授業においても恩恵をもたらす。

例えば，総合的な学習の時間を使って調べたことを題材にして国語の時間に意見文を書かせたりすると，国語の時間だけで取材させるより，はるかに深い内容の意見文になることが多い。その上，意見文の取材にとられる国語の時間が省けるという点で，時間的にも効率化を図ることができる。また，最後に意見文を書くということを予告しておくことは，総合的な学習の時間の探究学習へのモチベーションを高めることにもつながるであろう。いわば，それぞれの教科等の間に互恵的な関係が生まれることが期待できる。

（6）おわりに

フィンランドの教育改革を指揮したオッリペッカ・ヘイノネン氏は，「子供たちは，学校でよい成績を取るために学ぶのではなく，人生をより豊かにするために学ぶのだ」というようなことを言っているが，まさにそのとおりである。まずは教師がその視点に立つことが大切であろう。

各教科等で育成すべき資質・能力のつながりを意識するとともに，その資質・能力が児童のこれからの人生にどのように寄与していくかを考えながら，日々の授業改善を進めていきたい。

3-2 各教科等における資質・能力の育成とは ―中・高等学校―

（1）はじめに

　各教室に掲示された1週間の時間割表を思い浮かべてほしい。表の頭に左から曜日が順に書かれ，縦に1校時からそのクラスで行われる授業の教科名が示されたものである。

　筆者は中学・高校共に学級担任をし，日々生徒と接する中で感じているが，生徒は時間割表を縦に見る傾向が強い。「水曜日は技能教科の授業が多く，一日が短く感じる」「5時間目の数学のテストが，今日の山場だ」といった声は毎日のように聞く。

　一方で，教員が各クラスの時間割表を見る際には，目を横にスライドさせて見ることが多いのではないだろうか。「前回の授業で何をしたか。どこまで進んだか」「次回の授業までに，生徒にどのような課題を出すか」といったことである。「定期テストまであと2回しか授業がないから，今日はここまでは絶対に終わらせないといけない」ということもよくあることだ。

　授業を受けている生徒たちが，前の授業で何を学習したのか，次の授業ではどのような方法で授業が行われるのか。中学校・高等学校では，各教科担任が，各クラス（生徒）の時間割表で見た縦のつながりを意識することは少ない。初等教育に比べ中等教育においては，生徒が学習する内容の専門性が高まる一方で，各教科等の学習が切り離され，生徒一人一人の学校での学習全体を見るという意識が低いのが現状であろう。

　「論点整理」では，学習する子供の視点に立った育成すべき資質・能力の「三つの柱」として，

i）「何を知っているか，何ができるか（個別の知識・技能）」

ii）「知っていること・できることをどう使うか（思考力・判断力・表現力等）」

iii）「どのように社会・世界と関わり，よりよい人生を送るか（学びに向か

う力，人間性等）」

を示し，これらについて「各教科等の文脈の中で身に付けていく力と，教科横断的に身に付けていく力とを相互に関連付けながら育成していく必要がある」としている。また，次のようにも述べている（p.11）。

> ○　こうした資質・能力については，学習指導要領等を踏まえつつ，各学校が編成する教育課程の中で，各学校の教育目標とともに，育成する資質・能力のより具体的な姿を明らかにしていくことが重要である。その際，子供一人一人の個性に応じた資質・能力をどのように高めていくかという視点も重要になる。

各教科等における「これからの時代に求められる資質・能力の育成」のためには，生徒一人一人の学習に着目し，1週間の時間割表を左上から右下へ斜めに見るような意識をもつことが必要だと考える。そして，学校全体で育成する資質・能力を，授業場面での具体的な生徒の姿として設定し，教員だけでなく生徒と共に共通理解をもつ。そして，各学年，各学校の学習全体を見据えながら，一つ一つの授業を実践していくことが重要である。

本節では，「各教科等における資質・能力の育成」についての具体的な姿を，「論点整理」と実践事例に即しながら述べていく。

（2）学校全体で育成する資質・能力を明確にして各教科等を関連させる

育成する資質・能力の具体的な姿を明らかにし，それを学校全体で育成していくためにはどのようにすればよいのだろうか。「平成26年度 言語活動指導者養成研修」[1]で発表された横浜市立南高等学校附属中学校（以下「南高附属中」）の事例に沿って述べていく。

南高附属中では，「言語活動の充実」に向けた基本的な考え方として，次の5点を明確にし，各教科で取り組んでいる。

(1) 学校経営方針の中に「言語活動の充実」に向けた取組を位置付ける。

　→教育課程の編成に位置付ける。

(2) 思考力・判断力・表現力を養い，各教科等の目標を達成させる。

(3) 生徒が思考する場面や学習過程を想定した適切な言語活動を設定する。

(4) 言語活動の充実を軸に授業改善を行い，教職員の授業力向上に取り組む。

(5) 学校全体の言語環境を整える。

　→学校図書館との連携，読書指導の充実。

　これらを実現し，各教科等の学習の質を高めるための軸として有機的に機能しているのが，「EGG ゼミ」と呼ばれる総合的な学習の時間である。EGG ゼミは，探究的な学習を通した「課題発見・解決能力」「論理的思考力」とその基礎となるスキルの育成等を主な目的とし，3年間で実施する生徒の探究的な学習と，その中で身に付けるスキルを示した学習計画が明確になっている[2]。また，主に週1時間（土曜授業で実施されることもある）行われる EGG ゼミの時間は，各学年の教職員を中心としながらも，内容に応じて学年を超えて教職員が指導に入ることもあり，学校全体で取り組んでいる。

　EGG ゼミの活動の一例として，第1学年の4月に実施する「アンケート調査」について学習する授業を紹介する。学習の流れは次のようなものである。

①「総合的な学習スキルブック」（新学社）を読んで，アンケート調査の方法を理解する。

②クラスについて調査したいテーマと質問項目をグループで考える。

③質問の仕方や回答方法に注意してアンケート用紙を作成する。

④アンケートを実施する。

⑤回答用紙を集計し，結果と考察をまとめる。

⑥クラス全体へ向けて発表する。

Ⅰ　これからの時代が求める資質・能力とは

　この授業は，入学して間もない時期に，クラスのみんなについて知ることができるため，例年，生徒たちは「勉強」という意識をもたず楽しく取り組んでいる。

　この授業のようにグループで活動し発表するという学習活動の流れは，EGGゼミをはじめ，道徳や学級活動などにおいても行われ，一つの授業モデルとなっている。様々な授業で，グループで活動し発表するという活動が行われるため，生徒にとっては「何をするか」が明確になりやすく，各教科等の学習内容に集中して取り組むことできる。

　このような授業を行う上で必要であり，生徒が身に付けなければならない力には，次のようなものがある。

- グループで活発に意見を述べ合い，前向きに課題に取り組むこと。
- 互いの考えを尊重しつつ，グループとしての考えをまとめていくこと。
- グループでまとめた考えを全体に分かりやすく発表すること。

　教員全体で取り組む総合的な学習の時間をきっかけとして，各教科等で同じ授業モデルを共有することで，それぞれの授業で学習を進めていく中での生徒の具体的な姿を教職員全体で共有するとともに，学校の授業全体を通して生徒に必要な資質・能力を育成することができる。

　この授業の直接のねらいは，アンケート調査の方法を身に付けることであ

EGGゼミと各教科との関係を示すイメージ図

る。このスキルを身に付けることで，生徒たちは各教科等の学習において，アンケート調査を実施して情報を集めることができるようになる。アンケート調査以外にも，インタビュー，親和図を用いたブレーンストーミングなど様々な活動を全体の計画に沿って行い，スキルを身に付けていく。これらも各教科等の学習をつなぐ役割を担っている。

(3) 他教科等との関連を意識して授業を実践する（国語科）

　学校全体で育成する資質・能力を意識した個別の教科の在り方について，事例に沿って述べていく。

　「論点整理」では，次のように述べられている（pp.15-16）。

> 　（略）資質・能力と各教科等との関係を踏まえれば，学習指導要領の全体構造を検討するに当たっては，教育課程全体でどのような資質・能力を育成していくのかという観点から，各教科等の在り方や，各教科等において育成する資質・能力を明確化し，この力はこの教科等においてこそ身に付くのだといった，各教科等を学ぶ本質的な意義を捉え直していくことが重要である。そして，各教科等で育成される資質・能力の間の関連付けや内容の体系化を図り，資質・能力の全体像を整理していくことが同じく重要であり，教育課程の全体構造と各教科等を往還的に整理していく必要がある。

　南高附属中の国語科では，平成20年告示の学習指導要領の中で，学校全体を見て国語科でこそ身に付けられること，他教科等の学習でも活用できる力を身に付けさせることを意識して，次のような取組をしている。

①実際の場を設定する

　「学校説明会で学校紹介のスピーチをする」「県外の中学生と交流し，横浜の魅力を紹介する作品を作る」などの実際の場を設定することで，相手・目的・場面を明確にして言語活動を行う。伝え合う力を育成し，言語活動の質を高める。

②多様な発信の仕方や学習形態を取り入れる

　音声言語，文字言語それぞれについて様々な発信の仕方（プレゼンテーション，レポートなど）や話合いの形態（討論，ワールドカフェなど）を経験させ，各教科等の学習で活用するために必要な力を身に付けさせる。

③様々な表現や情報に出会わせる

　知的活動（論理や思考），コミュニケーションや感性・情緒の基盤である言語に関する能力を高めるため，様々な作品や情報に出会わせる。特に，古典の音読・暗唱，学校図書館を活用した読書指導の充実に努めている。

　このように，学校全体の中で各教科等が担うべき役割や，授業を行う際の方針を明確にすることが大切である。そして，それに沿って各学年の年間指導計画や各単元の指導計画を作成し，教員全体で共有することが重要である。

　年間指導計画や単元の指導計画では，各教科等の「学習する内容」だけでなく，「身に付ける能力」を明確にし，その能力が他教科等の学習や実社会においても活用できる汎用的なものとすることが求められている。

　南高附属中の実践では，考えと根拠との関係に注目し，論理的に話し合う力を育成する授業において，「三角ロジック」の考え方を示し，それに沿って考えたり話し合わせたりする授業を行っている[3]。

　各教科で身に付けた力を汎用的なものとするためには，授業においてできる限り実際の場を設定し，課題を解決するために必要となる力と，それを行うための具体的な道具や方法（ツール）を明確にして生徒に活動させることが重要である。そうして身に付けた力が他教科等の学習においても活用され，生徒一人一人に必要な資質・能力を育成することになる。

（4）おわりに

　ここまで，「各教科等における資質・能力の育成」についての具体的な姿を，中学校の取組を例にとって述べてきた。高等学校においては，教科・科目が多様になるため，学校全体で育成する資質・能力を明確にし，各教科・科目間で身に付ける力を関連付けていくことがさらに求められる。

1　文部科学省「平成26年度 言語活動指導者養成研修」（平成26年 教員研修センター）

2 「3年間を見通して生徒一人一人の国語の能力を育成する」『中等教育資料』平成26年6月号，MEXT65，第937号，2014.
3 山内裕介「中学校で身につけさせたいジェネリック・スキル」『日本語学』2015年4月号，vol.34-4，No.437，2015.

II
「チーム」としての組織の在り方とは

1 時代が求める資質・能力を育てる学校へ
―機関としての学校―

（1）新たな課題へ　背景（なぜ）を問い続ける学校へ

　学校は，児童生徒の学力を育てることを第一義の機能として，教育活動を行ってきたし，これからもこの根本的な役割については変わることはない。

　しかし，その「学力」についての認識を大きく変えることが求められている。さらには，教育活動の核である授業の在り方も，これまでとは異なる発想による新たな視点が示され，その視点からの学校教育全体に及ぶ改革が求められている。

　「学校は誰のためにあるのか」という問いに対しては，「児童生徒のための」ということに誰も異存はないだろう。しかし，個々の教室では本当に，学習する児童生徒のための授業が行われてきただろうか。知識偏重の，また，覚えた知識の再現を求めるテストに基づく授業，髙木展郎が述べる「原体験に基づく教育・授業」が相変わらず多くの学校で，教室で行われている現状から，本当の意味での「児童生徒のための」学校や授業との間には，かなりの隔たりがあると認めざるをえない。

　これからの時代に求められる学力を育てる学校となるためには，多少の痛みを伴う学校の変革が求められる。なぜなら，教師自身が，また，組織としての学校の姿が変わることが必然となる教育課程の改訂が，今まさに行われようとしているからである。今次の改訂では，学習指導要領の，ひいては各学校が行う教育活動を組織するための原理である教育課程の内容が，これまでの改訂とは全く異なる次元で行われようとしている。

　そこで，学校が「チーム」として機能することが強く求められることとなった。その背景として，我が国の学校の，また，教員の置かれている状況や課題が明確になっている。中でも，次代を担う児童生徒のために必須となるであろう「主体的・能動的な学習」，すなわち「アクティブ・ラーニング」を行わせて主体的な学習を引き出すことに，教師自身も多くの課題があると

認識しているし，学校としてのカリキュラムもそのように編成されてこなかったという課題にどう対応していくかということでもある。

　そこで求められるのは，「子供たちが主体的・協働的に学ぶ授業を通じて，これからの時代に求められる力を子供たちに確実に身に付けさせることができる指導力」（中央教育審議会　諮問文「子供の発達や学習者の意欲・能力等に応じた柔軟かつ効果的な教育システムの構築について」平成26年7月29日）であり，それを個人の力量に任せてしまうのではなく，組織として機能し，個々の教員の資質・能力を結集して連携・協働して取り組む学校の総合的な力量の向上である。

(2) 学校に求められる改革（イノベーション）とは

　現在（平成27年度）行われている中央教育審議会教育課程部会の議論を踏まえた様々な論の中で，これまでの学習指導要領が，各教科ごとの内容により構成されてきたことによる問題点が指摘されている。さらには，小学校と中学校という義務教育レベルと，高等学校の学習内容との接続や整合性についても，児童生徒の発達段階に相応しいものとなっているか，各教科の専門性という名の下に必ずしも現代の生活や科学に寄与しない抽象的な内容となっているのではないか，社会で必要とされる実践的な知と学校で学ばせてきた知との間に乖離が生まれているのではないか，などの様々な問題提起である。

　そこで次期の学習指導要領では，「どのように社会・世界と関わり，よりよい人生を送るか」という生き方を追究できる人間性を育てることを教育のゴールと位置付け，「主体性・多様性・協働性，学びに向かう力，人間性など」を学校教育で育む資質・能力と位置付けることから議論が行われている。すなわち，これまでのボトムアップ型でさえなかった学習指導要領全体の構成を，明確なゴールに基づく整合性のあるものへと転換しようとする議論であり，立場である。そこで示された学習内容については，「何を知っているか，何ができるか」を学力と位置付ける「各教科等で身に付けるさまざまな知識・技能」と，「知っていること・できることをどう使うか」という視点からの学力としての「各教科で育まれる思考力・判断力・表現力など」が示されることになるだろう。

また，これらの学習内容を確かに身に付けさせるためには，「どのように学ぶか」という認識が必要不可欠である。それは例えば，「アクティブ・ラーニング」というような「主体的・能動的で双方向性のある学習」でしか実現できないだろう。

このような学習を成立させ，求められる資質・能力を育成するためには，これまでのような「個業家」集団ではない学校，全員がチームとして機能する学校で，そこに関わる全ての教職員が，「カリキュラム・マネジメント」という発想を共有して実行する集団となることが求められる。

本来，このことはこれまでも各学校で行われてきたことであり，「学習指導要領解説　総則編」において明確に示されてきた（小学校　pp.16 〜 17／中学校　p.16）。

> 学習指導要領は，国が定めた教育課程の基準であり，各学校における教育課程の編成および実施に当たって基準として従わなければならないものである。
>
> 教育課程は，地域や学校の実態および児童（生徒）の心身の発達の段階や特性を考慮し，教師の創意工夫を加えて学校が編成するものである。教育課程の基準もその点に配慮して定められているので，教育課程の編成に当たっては，法令や学習指導要領の内容について十分理解するとともに，創意工夫を加え，学校の特色を生かした教育課程を編成することが大切である。

このことを踏まえ，「新しい時代に必要となる資質・能力」を育てる学校に求められているのが，「カリキュラム・マネジメントの充実」である。

それは今回の改訂により全く新たに掲げられた発想ではなく，これまでにも行われてきた教育課程の編成と実施について一層の「創意工夫」を求めるものであるが，さらに従来の発想を超えて，すなわち「学習する内容を列挙した」教育課程から，「どのように学ぶか」という学び方を含む新たな発想に基づく学校ごとのカリキュラムを実践的に管理・運営するためのものへと転換する必要が明示されたと理解できる。

以上の2点，すなわち「どのように学ぶか」を含む学校としてのカリキュラム・マネジメントの充実については，「論点整理」において，次の図のように整理された。

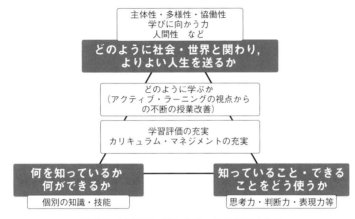

**育成すべき資質・能力の三つの柱を踏まえた
日本版カリキュラム・デザインのための概念**

 また，上記「論点整理」では，以下を重視すべきであるという明確な方向性も示された（p.3）。

○　これからの教育課程には，社会の変化に目を向け，教育が普遍的に目指す根幹を堅持しつつ，社会の変化を柔軟に受け止めていく「社会に開かれた教育課程」としての役割が期待されている。
　このような「社会に開かれた教育課程」としては，次の点が重要になる。
①　社会や世界の状況を幅広く視野に入れ，よりよい学校教育を通じてよりよい社会を創るという目標を持ち，教育課程を介してその目標を社会と共有していくこと。
②　これからの社会を創り出していく子供たちが，社会や世界に向き合い関わり合い，自らの人生を切り拓いていくために求められる資質・能力とは何かを，教育課程において明確化し育んでいくこと。

③　教育課程の実施に当たって，地域の人的・物的資源を活用したり，放課後や土曜日等を活用した社会教育との連携を図ったりし，学校教育を学校内に閉じずに，その目指すところを社会と共有・連携しながら実現させること。

　教育に求められる機能の本質が変わることはない。しかし，その内容については，時代の状況に応じて変化が求められる。その具体的な契機の一つとして，学校教育法が改訂され（平成 19 年），その中で，「学力の三要素」が示されたことが挙げられよう。ここで示された学力観は，その後の学習指導要領の改訂の際の基本的な原理であり，その理念は継続されている。それは単に，我が国の教育の在り方を議論するための理念ではなく，広く世界が求める教育の在り方と共通するものがあるからだとも言える。

　21 世紀の学校はどのような教育を行うべきなのだろう。教師たちの多くは，日々の教育活動に追われていて，そういうことを考える余裕はないという趣旨の発言をする。本当にそれでよいのだろうか。

　そういう姿勢を改めるように迫られていることが，この「論点整理」からは読み取れる。

　その課題は，一人一人の教員に向けられたものではなく，学校の在り方を問うものだとも言えよう。

（3）学校が変わるためには

　「学校は授業だ」という強い信念を提唱した N 校長と，それを受けて単なる継続ではなく，少しでも充実させたいと粘り強く取り組む後任の K 校長がいて，その理念をどう実現するかについて，学校全体で継続して取り組んでいる A 中学校がある。

　この学校は，N 校長が赴任する直前には，「荒れた学校」であった。先生方の努力で荒れた状況はある程度改善されたが，いつ再発してもおかしくない様子が垣間見られた。校区には工業団地と付随する流通団地があり，そこに多くの国と地域から職を求めて流入してきた人々が現在も生活している。全校生徒 600 人程度の規模の学校であるが，在籍する生徒の 10 ％強は外国

につながる子供たちで，その国と地域は 11 に及ぶ。

　N 校長は，授業研究と改善を学校経営の核として先生方に取り組むように求めた。そのために運営組織を改め，特に授業研究を担う部署には，それまで個人的には取り組んでいたが組織として動かない学校の姿に危機感をもっていた S 教諭を主幹に任ずるとともに，リーダーとして位置付けた。

　S 教諭が提唱したのは，「毎日 6 時間受ける授業が楽しくなければ，生徒たちは学校に背を向けることになって当たり前。我々教師自身が楽しいと思える授業を目指そう」というものであった。そこで最初に取り組んだのは「教師ができる限り『しゃべらない』授業」であった。多くの教師たちは，「教師が教えるから授業」と考えていた。それを変えることから始めたのである。「教師が『しゃべらない』授業」では，必然的に生徒が活動する時間が増える。それが生徒に好意的に受け入れられた。そういう授業を生徒が楽しいと言い始めた。

　また，「覚えた知識を再現する」テストをできる限り少なくして，生徒たちに覚えた知識をどう使うのかを考えさせる学習を行わせることや，交流の場面を可能な限り設定する取り組みも頻繁に行われるようになった。

　年度途中で転入してくる外国につながる生徒たちが，以前にくらべて自然に仲間として受け入れられるようになった，と日本語教室の担当から報告があった。授業中に「困った」ことがあったら，いつでもそのことが言えるように，教師たちが日々生徒に働きかけているためではないかと考えられる。学校全体の問題行動の件数が激減したのもこの時期である。

　求められる学校についてのヒントが A 中学校にある。全員とは必ずしも言えないが，多くの教師が協働して授業を変えること，生徒のための授業にすることを目指している学校である。そして「生徒が主役」という当たり前のことを目指す学校である。何かを変えようとするためには，「なぜ」を大事にしなければならないことを，A 中学校から学ぶことができる。

　これから各学校が取り組まなければならないカリキュラム・マネジメントの充実という課題に対しては，一人一人の教師が，また，組織としての学校が，自らのあるべき姿を見つめ直し，さらには問い続けるという姿勢が求められると言えよう。

2 学習する組織・学習する学校
——イノベーションを生み出す組織づくり——

（1）「学習する組織・学習する学校」とは

　「学習する組織（Learnig Organization)」という語は，マサチューセッツ工科大学のシステム科学者（systems scientist）である Peter Senge（以下，センゲ）が提唱する組織マネジメント理論の一つの概念である。センゲは，世界がよりグローバル化し，情報化が急速に進む中で，従来の権威主義的な「コントロールを基盤とする組織」に代わり，「学習する組織」が求められるとして，その理由を次のように述べる[1]。

> 　世界は，相互のつながりをより深め，ビジネスはより複雑で動的になっていくので，仕事はさらに「学習に満ちた」ものにならなければならない。いまや，ヘンリー・フォードやアルフレッド・ストーン，トム・ワトソン・ジュニア，ビル・ゲイツのように，組織のために学習する人が ひとりいれば十分という時代ではない。どうすればよいかを経営トップ が考え，ほかの人すべてをその「大戦略家」の命令に従わせることなど，もう不可能なのだ。将来，真に卓越した存在となる組織とは，組織内のあらゆるレベルで人々の決意や学習する能力を引き出す方法を見つける組織だろう。

　ここで提示したような組織をセンゲは「学習する組織」とよび，それは「人々が絶えず，心から望んでいる結果を生み出す能力を拡大させる組織であり，新しい発展的な思考パターンが育まれる組織，共に抱く志が解放される組織，共に学習する方法を人々が継続的に学んでいる組織」[2]のことであると説明している。

　この「学習する組織」の考え方を「組織体」としての学校に適応したものが「学習する学校」というアイディアである。その核となっている考えは極

めて単純で，学校とは学習のための機関であり，ゆえに「学習する組織」と
してデザインし，運営することができる，というものである。センゲは，こ
の「学習する組織」としての「学習する学校」を次のように説明している[3]。

> 学校は，命令や指令，強引な順位付ではなく，学習の方向付けを導入
> することで，持続可能性のある，生き生きとした，創造的な場に変えら
> れる。システムの中にいるすべての人が，自分の願望を表現し，意識を
> 高め，もてる能力を共に発展させることに関わる。学習する学校では，
> 長年お互いに不信感を抱いてきた人々つまり保護者と教員，教育者とビ
> ジネス界の人，行政管理者と労働組合員，学校の中にいる人と外にいる
> 人，生徒と大人などが，お互いの未来の中で，また，自分たちが暮らす
> 共同体の未来の中で，共通の利害をもつことを認め合う。

　ここに示されている「学習する学校」の姿は，学校を子供たちがより大き
な社会へと移行するための準備の場としてだけでなく，コミュニティとし
て，大人も含めて学校という教育システムに関わる全ての人がお互いに学び
合い続ける場所，変化に対応する力や成長を生み出す培養地としての姿であ
る。学びとは，本質的に社会的なものであり，ゆえにコミュニティ（地域社
会）全体に広がるものである。
　我が国においても，同様のことが言えるだろう。「論点整理」では，新た
な学校の姿，学校の役割等について，次のように述べられている（pp.2-3）。

> ○　学校とは，社会への準備段階であると同時に，学校そのものが，子供
> たちや教職員，保護者，地域の人々などから構成される一つの社会でも
> ある。子供たちは，学校も含めた社会の中で，生まれ育った環境に関わ
> らず，また，障害の有無に関わらず，様々な人と関わりながら学び，そ
> の学びを通じて，自分の存在が認められることや，自分の活動によって
> 何かを変えたり，社会をよりよくしたりできることなどの実感を持つこ
> とができる。
> ○　子供たちが，身近な地域を含めた社会とのつながりの中で学び，自ら

の人生や社会をよりよく変えていくことができるという実感を持つことは，貧困などの目の前にある生活上の困難を乗り越え，貧困が貧困を生むというような負の連鎖を断ち切り未来に向けて進む希望と力を与えることにつながるものである。

　学校をいわば地域社会（コミュニティ）全体の学習組織体にすべきことを強く提唱するセンゲの「学習する組織」そして「学習する学校」というアイデアは，我が国にとっても重要なアイデアである。

(2)「学習する組織・学習する学校」のディシプリン

　「学習する組織」には，組織学習のための中核となるディシプリン（Discipline）がある。Disciplie は，邦訳でディシプリンとされているように，適切な訳が見つからないが，「実践するために勉強し，習得しなければならない理論と手法の体系」と説明され，そのディシプリンとは，「自己マスタリー」（Personal Mastery），「共有ビジョン」（Shared Vision），「メンタル・モデル」（Mental Models），「チーム学習」（Team Learning），そして「システム思考」（Systems Thinkig）の五つの学習ディシプリン（Learning Disciplines）に分けられる[4]。

　「学習する学校」は，この五つの学習ディシプリンを学校において実際に取り入れ，その実践を通して学校を「学習する学校」に変えていく，という考えである。五つの学習ディシプリンは，個人，チームに役立つように基本的なスキルと能力で次の三つに分類される。そこでは，五つの学習ディシプリンは，以下のように説明されている[5]。

　分類の一つ目は，個人的・集合的な願望を明確に表現するための能力に関わるものである。この能力は，ただ必要だからではなく，本当に心の底から気になり，変えたいと思っていることに明確に焦点を合わせることができる能力である。この能力には，次の二つのディシプリンが関係する。

○自己マスタリー
　自分の今日の生活がもつ今の現実を現実的に評価しながら，自分の個人

的なビジョン（人生の中で最も生み出したいと考える成果）について一貫性あるイメージを開発する実践のことである。

○共有ビジョン

この集団的ディシプリンはお互いが共有する目的に焦点を生み出す。共通の目的を持つ人々（たとえば学校の教員，管理職者，職員など）は，生み出したい未来，そうした未来に辿り着くために使いたい戦略，原則，指針となる実践の共通イメージを育てることで，集団や組織の中にコミットメントの感覚を養い育てることを学べる。学校やコミュニティが学習して存続することを望むのであれば，共通した共有ビジョンのプロセスが必要である。

二つ目は，内省的な思考と生成的な会話のための能力に関わるものである。この能力は，人が自分自身に深く染み付いた前提や行動パターンに気付くために，熟考，議論，会話をする能力である。この能力には次の二つのディシプリンが関係する。

○メンタル・モデル

振り返りと探究のスキルに関するこのディシプリンは（自分自身，あるいは周囲の人の）態度や認識についての気づき（意識）を高めることに焦点が合わせられる。メンタル・モデルに対処することで，人は今の現実をよりはっきりと，また率直に定義づけられる。教育に関して見られる大半のメンタル・モデルは「議論の余地のないもの」であり，よく見えないことが多い。

○チーム学習

これは集団内の相互作用についてのディシプリンである。「ダイワログ」や「スキルフル・ディスカッション」などのテクニックを使うことで，小さなグループの人々は，エネルギーや行動を共通の目標を達成するために使い，集団的思考のあり方を変質させ，バラバラのメンバーの能力を単に足し合わせた以上の知性と能力を引き出すことができる。

そして三つ目が，複雑さを認め，管理するための能力に関わるものである。この能力は，問題が発生しているときに，システムにはたらく諸々の力を理解し，相互関連性を明らかにするための検証可能な方法をつくる能力である。この能力には，次のディシプリンが関係する。

> ○システム思考
> システム思考はフィードバックや複雑性を含んだ挙動（時間の経過と共に成長や安定性に至るシステム独自の傾向）についての，今もなお増え続けるさまざまな理論体系に基づく。（中略）システム思考とは，最も建設的な変革を達成するためのレバレッジを見いだすための，強力な実践である。

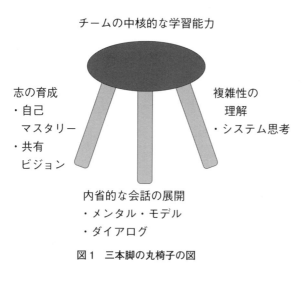

図1　三本脚の丸椅子の図

　もちろん，これらの三つの能力は，それぞれ組み合わされてこそ，大きな成果を挙げることができる。「学習する学校」を実現するためには，どの能力も外せない。センゲは，この三つの能力を「チームの中核的な学習能力」とよび，それぞれの重要さを視覚的に表現するために，上の図1のような三本脚の丸椅子にたとえて説明をしている[6]。

（3）「学習する組織・学習する学校」の実現に向けて

　「学習する組織」としての「学習する学校」への指向は，我が国において

もきわめて重要な事項である。コンテンツ・ベースとコンピテンシー・ベースのバランスのとれた教育を志向する次期学習指導要領の方向性は，まさに学力のパラダイムシフトというべき大きな転換であり，これまでのように主に一人一人の教師の意欲・熱意や個別の努力に頼るわけにはいかない。学力としての資質・能力の育成は，一人で担うことはできない。学校が組織として取り組んでこそ可能となるものである。

　一般的には，教育は個人的な努力と思われがちである。多くの場合，教師は一人で教室に入り，ドアを閉め，一人で授業を行う。教科の学習だけでなく，学級経営も一人に任され，一人で指導している。子供たちもまた多くの場合，学習課題に一人で取り組み，一人でやり遂げるよう指導される。

　しかし，インターネットやソーシャルメディアが発展する現代では，子供たちは授業中もモバイル端末を持ち，外部の世界とつながっている。そこでの教育は，徐々に教師との協働へと変わりつつある。教育や教職に対して，学校外の人々がもつメンタル・モデルは，すでに時代遅れになっていると言ってもいいだろう。

　これからの時代に求められる学力としての資質・能力を確実に育成するためには，学校全体が明確な共有ビジョンをもち，教師も子供たちも，さらには保護者や地域の人々も共有ビジョンへベクトルを合わせて，「チーム」ではたらくことが強く求められている[7]。

　前述した学習ディシプリンを活用し，教室や学校や地域社会におけるイノベーションを生み出す「学習する組織・学習する学校」が，我が国においても全国的に指向されることを期待したい。

1　ピーター・M・センゲ著，枝廣淳子他訳『学習する組織　システム思考で未来を創造する』p.35，英治出版，2011.
2　同上書，p.34.
3　ピーター・M・センゲ他著，リヒテルズ直子訳『学習する学校　子ども・教員・親・地域で未来の学びを創造する』pp.16-17，英治出版，2014.
4　前掲書1参照のこと。
5　前掲書3，pp.20-22参照のこと。
6　前掲書1，p.23に三本脚の丸椅子の図が掲載されている。
7　髙木展郎・三浦修一・白井達夫『「チーム学校」を創る』三省堂，2015参照のこと。

3 学校のコンプライアンスと アカウンタビリティ

（1）コンプライアンスとアカウンタビリティの概要

① 企業におけるコンプライアンスとアカウンタビリティ

　企業ではコンプライアンス（法令遵守）に取り組むために，コンプライアンス委員会を組織していることを周知するなどして，ステークホルダー（利害関係者）だけではなく，社会からの信頼が得られるように努めている。

　また，取組を広く社会に周知することで，従業員としてはコンプライアンスを徹底しなければならないという意識が強くなり，そのことが事故等の未然防止にもつながってくるという側面もある。

　企業では顧客からの信頼なくして発展は考えられないので，コンプライアンスを法令の遵守にとどめるのではなく，一歩進めて企業規範などにまで広げたものを遵守することを打ち出し，より信頼感が増すように努めている。

　また，企業が継続して責任ある組織としてその役割を誠実に果たすために，何か問題などが起こった場合等には，広く社会にアカウンタビリティ（説明責任）を果たすことが必要になる。

② 子供を取り巻く環境

　学校のコンプライアンスとアカウンタビリティを考えるために，その背景となる子供を取り巻く環境について，主なものを三つ挙げておきたい。

　一つ目は，少子化の影響についてである。一人一人の子供が大切に見守られ，周りの大人によって「転ばぬ先の杖」をついてもらえる状況がある程度は保障されることが考えられる。

　例えば，学校で児童生徒がいたずらをしてケガをしたときに，ケガの手当て及び本人への指導，保護者への連絡をするだけではなく，「何が原因」で「どのような」状況で「誰が」というように，ケガをした児童生徒以外に責任の所在を追及するという傾向が強くなることが予想される。

　しかし，児童生徒は失敗することで学ぶこともたくさんあるし，学校では

そのようなことも本人を成長させる機会と捉えて，丁寧に指導することが大切であるということを，大人は認識しておかなければならない。

二つ目は，便利な社会の実現である。例えばメディアについて言えば，ラジオや新聞と比べて，テレビは映像と音声があるゆえに情報を獲得しやすいため，情報に対して受け身になりやすいと考えられる。このような簡単で便利な環境が人の能力を鍛える機会を少なくしているとも言える。

子供の育成という視点では，必ずしも便利な社会はよい環境であるとは言い切れない。学校教育では不便で不自由な環境が児童生徒をよりよく育てることもあるということを，改めて認識する必要がある。

三つ目は，格差社会の進行である。子供の教育に最大の関心をもち，教育費を多く支出する家庭と，生活に精一杯で子供の教育に関心を払う余裕がない家庭があり，学校には家庭環境の異なる児童生徒が同時に在籍している。

声高に主張する保護者の意見や考えだけを聞いて判断し対応すると，サイレントマジョリティ（物言わぬ多数派）の意向に反する場合もあり，保護者が納得しない状況が起こりうることに留意することが大切である。

（2）スクールコンプライアンス

① 背景

学校の教育活動についてのステークホルダーは，児童生徒，保護者，地域住民，ボランティア等支援者などが考えられる。しかし，広く捉えれば納税者である一般市民も利害関係がない，とは言い切れない。

そう考えると，学校では一般市民からの信頼を獲得しなければならないとも言えるが，学校教育に求めるものはその人の立場によって少しずつ異なっており，時には反対の意見が出てくるという難しい状況が見えてくる。

学校では一般的に，児童生徒の目の前で指導に当たっている教員が，児童生徒の状況を一番知っているので，その教員の判断が最優先されている。

学校の教育活動の中で発生する事故は，多くの場合，即時的な対応が求められる。したがって，例えば教員としての経験が十分にない教員でも，問題発生時に職員室に戻って，判断を仰ぐことができない場合もある。

それだけに，教員には責任が伴うが，その責任の重さや任されていること

がやりがいになっているとも言える。こういうことから，多くの経験をしてきた教員はその経験を通して，適切な対応がとれるようになる。

しかし逆に，その経験が過信になり，過去の経験を尊重するがゆえに社会の変化に対応できなくなったり，同僚や後輩の教員の対応に納得できなかったりして，職員間の連携がうまくいかないという状況が起こることがある。

また，任されることで教員のやる気や考え方の違いが顕著となり，学校としての統一感を欠いたり，バランスを欠いた独善的なものとなって表出したりして，「学校の常識は世間の非常識」と非難を受けてしまうこともある。

このような状況が起こらないようにするために，学校教育の公平性や透明性を高めることが大切となり，学校において，各種の第三者委員会等を組織する取組が推進されるようになってきている。

コンプライアンスやアカウンタビリティを意識して教育活動を推進することで，一般市民からの信頼を高めるだけでなく，教員の責務を明確にして，教員が働きやすくなるようにつなげていくことが大切になる。

② **スクールコンプライアンスの具体**

スクールコンプライアンスは，教育関係法令や地方公務員法だけでなく，民法等にまで広げて，学校の教育活動の全般について，適切であるかということを確認することが求められている。

学校において，特に注意を払いたい視点としては，例えば次のようなものが考えられる。

　　○教育を受ける権利の保障（学習指導要領の実施を含む）

　　○教育の中立性の確保

　　○職務に専念する義務

　　○児童生徒の安全確保と危機管理

　　○児童生徒への懲戒，及び体罰・わいせつ行為の禁止

　　○酒気帯び運転の禁止，及びセクシャルハラスメントへの注意

　　○個人情報の適正な管理と守秘義務

　　○いじめ防止対策

これらを年度初めに保護者に知らせるだけでなく，一般市民が確認できるように，例えば学校ウェブサイトに掲載し，周知に努めることも大切である

と考える。

③ これからのスクールコンプライアンス

これからのスクールコンプライアンスを考えるには，法令の遵守から一歩踏み込んで取り組むことが，充実した教育活動を保障することになる。

具体的には，次の三つが考えられる。

一つ目は，教員への法令に関する研修の実施である。一般的に教員は児童生徒の指導については専門職としてのプロ意識を高くもっているが，これからは法令等についての知識も身に付けておくことが求められると考える。

教員が法令に関する知識を身に付けるためには，長期休業中などに教育法規に詳しい講師を招聘して校内研修会を開催し，その中で教員同士が協議するような場面も設け，教員の法的知識の習得に注力することが大切である。

学校の規模等により，単独で校内研修の開催が難しい場合は，所管する教育委員会が開催する研修に教員を参加させることで，研修内容を校内で伝達する機会を設ける等して対応していくことが大切になると考える。

二つ目は，教員が忙しい毎日の中で，コンプライアンスを軽視することがないように，自主的な運営ができる体制づくりを進めることである。

コンプライアンスの意識を高く保つためには，自ら必要性を認識して取り組むことと，課題意識をもち続けることが大切であり，そのためには教員の組織による断続的な話合いが必要になると考える。

三つ目は，法令にとどまることなく，より広く遵守事項を定めることである。企業では社員が企業理念や企業規範を遵守するように，教員も法令だけなく，より広い事柄を遵守する姿勢を示して信頼感を高めるべきである。

例えば，学校が掲げている学校教育目標や経営方針などの遵守である。全ての教員が学校教育目標の達成を目指して日々の業務に取り組むことや，目指す児童生徒像を実現するような教育活動に取り組むことなどである。

ただ企業と異なるのは，学校ごとに学校教育目標等が異なるので，教員は異動するたびに遵守内容が異なり定着しにくいことと，それを遵守するという風土が絶対的にあるわけではないということである。

教員が遵守すべきことがらをどこまで広げるかについては，コンプライアンス委員会等で協議して，教員が自らの意向で決めていくのが望ましい。

(3) 学校におけるアカウンタビリティ

① 背景

学校では日々多くの対応すべきことが起こる。学校の施設や設備に起因するものや，教員の対応に起因するもの，児童生徒間のトラブル，教育活動中や登下校中，校外活動中の事故などである。

学校や教育委員会は，学校で起こった事故や問題について，児童生徒の安全や個人情報を守るために，情報を公開できないことも多い。しかし世間では，そのことに対し，隠ぺい体質だと思われてしまうことがある。

そのような認識に基づき，個人情報の保護等に配慮しながら事故の内容を判断して，できるだけ速やかに関係する保護者に事実を正確に報告するとともに，PTA役員等の当事者以外の関係者への報告を検討することが大切である。

事故が起こったときに，以前に同じような事故は起こっていなかったか，未然防止に努めていたか，事後の対応を適切にとったかについて，正しい情報を集約し，適切に説明できるように準備しておくことが求められる。

そして，収集した情報を必要に応じて，情報を提供すべき対象ごとに提供する内容を判断して，速やかに発信することが，学校や教員を守るだけでなく，児童生徒の事故の再発を防止することにつながる。

② アカウンタビリティの具体

学校や教員に過失がない場合と過失がある場合，責任の所在が不明確な場合に分けて考えていきたい。

第一に，学校や教員に過失がない場合は，事後対応を適正かつ迅速に行うことが大切であり，被害拡大の防止に努めること，一連の対応について記録を時系列にまとめておくことが大切になる。

たとえ学校や教員に過失がないとしても，学校で起こった事故等を保護者に報告する必要があるので，その報告が他のトラブルへの引き金とならないように，今後の対応等についても丁寧に説明することが大切になる。

第二に，学校や教員に過失がある場合は，事故の発生状況の把握と記録，被害拡大の防止，事故対応，謝罪，関係者への報告を速やかに行い，状況により，事故対応組織の立ち上げと情報共有，再発防止の取組などについて教

育委員会等の関係機関とも連携しておくことが望ましい。

　第三に，責任の所在が不明確な場合は，基本的には前述の学校や教員に過失がある場合に準じた対応になるが，その状況が学校や教員に過失がない可能性が高い場合は安易な謝罪をすべきではなく，まずは責任の所在が不明瞭である状況を丁寧に説明することが大切であると考える。

　全ての場合に共通することとして，状況を判断して，緊急の保護者会やマスコミ等への情報公開への対応をしなければならない場合もあるので，その際には，所管する教育委員会と密接に連携を取りながら，適切に説明責任を果たしていく必要がある。

③　これからのアカウンタビリティ

　学校運営の透明性を高めていくために，レイマンコントロール（専門家だけの判断に偏することなく，住民のニーズを適切に施策に反映させる仕組）を重視する傾向は，今後さらに顕著になっていくことが予想される。

　新しい教育委員会制度もそうであるように，学校運営協議会，学校地域支援本部，学校評議員制度，いじめ調査委員会などの設置は，いずれもレイマンコントロールを意識した表れであると考える。

　これからの学校は，重大事故が発生したときには，早い段階から第三者を含めた組織で協議をするなどして，市民感覚を取り入れることで，中立性や透明性を十分に付加させて，説明責任を果たすことが求められる。

　また，法的な対応を要求される場合も増えることが予想されるので，事実関係の正確な記録を残すとともに，教育委員会とも連携をしながら，いざというときに弁護士等に相談できる体制をつくることも大切である。

　コンプライアンスやアカウンタビリティを考えると，守りを固めるイメージが強くなるが，教員が消極的になるのではなく，責務を再確認し，積極的に児童生徒の指導に当たり，充実した教育活動が展開できるようにしたい。

III
人材を育成する・人財を開発する
マネジメントの在り方とは

1 「人材」から「人財」へ
—持続可能な発展のための教育（ESD）の
視点から—

(1)「人材」と「人財」の違いは

「人材」と「人財」の意味や違いの概念は一つではない。例えば，キャリア・ポートレートコンサルティング代表の村山昇氏によって，次のように整理されている[1]。

> 「ジンザイ」には2種類ある。事業組織にとってヒトを「材」として扱うか，「財」として扱うかは大きな違いである。そして働く一人一人にとっても，自分が「材」になるか「財」になるかは，人生・キャリアの大きな分かれ目となる。両者の境界線を一言で表せば「代替えがきく」か「きかない」かである。「その仕事はあなたがやっても，他の人がやっても同じ」と言われてしまう人は代替えがきくゆえに「人材」である。「その仕事はあなたにしかできないね！」と言われる人は，代替えがきかないゆえに「人財」である。

国語辞典での「人材」には，「才能があり役に立つ人，有能な人物，人才」等の意味がある。企業においては，様々な課題解決策を講ずることができる実績や成長が期待できる「人財」を求めるようになっている。

学校においても，かけがえのない一人一人の児童生徒の個性や可能性を最大限に発揮させ，よりよい社会や豊かな人生を自ら切り拓き，創り出していく資質・能力を育成するために，10年後，20年後を見据えた学校教育を展開することが大切である。

(2) 未来の多様な「人財」

変化が激しく予測が困難な社会や世界の現状がある。このような時代を生きる子供たちのこれから求められる資質・能力を育成していきたい。子供た

ちが，自分だからできるという強い意志をもち，未来の「人財」として活躍
できる能力等の例を，以下のように考える。

- よりグローバル化した数十年後の社会と未来を想定して，地球的視野
で思考し判断できる基盤を身に付けようとする。
- 一人一人の人格や人間性を認め合い，予測困難な時代にあっても「生
き抜く力」を培うことができる。
- グローバル化，情報化，技術革新等の社会の変化に主体的に向き合
い，関わり合い，適応できる。
- 異質，多様，多文化等を受け入れ，違いを認め，学び合い，新しい価
値を創造し，新たな文化を形成しようとする。
- 直面する課題を把握し，解決するための知識・技能を基盤にして積極
的に学び，自分の考えや行動等を変革しようとする。
- 総合的な視野で考えたことを企画・立案し，外部や他者に働きかけ，
協働の成果を発信できる。

（3）学校教育の役割

　子供たちが未来を切り拓くことができる学校教育の在り方が新たな局面を
迎えている。新たな学校文化を形成するに当たり，「学校」の意義につい
て，「論点整理」では次のように述べている（pp.2-3）。

○　学校とは，社会への準備段階であると同時に，学校そのものが，子供
たちや教職員，保護者，地域の人々などから構成される一つの社会でも
ある。子供たちは，学校も含めた社会の中で，生まれ育った環境に関わ
らず，また，障害の有無に関わらず，様々な人と関わりながら学び，そ
の学びを通じて，自分の存在が認められることや，自分の活動によって
何かを変えたり，社会をよりよくしたりできることなどの実感を持つこ
とができる。

○　そうした実感は，子供たちにとって人間一人一人の活動が身近な地域
や社会生活に影響を与えるという認識につながり，これを積み重ねるこ

とにより，地球規模の問題にも関わり持続可能な社会づくりを担っていこうとする意欲を持つようになることが期待できる。学校はこのようにして，社会的意識や積極性を持った子供たちを育成する場なのである。

○　こうした社会とのつながりの中で学校教育を展開していくことは，我が国が社会的な課題を乗り越え，未来を切り拓いていくための大きな原動力ともなる。未曾有の大災害となった東日本大震災における困難を克服する中でも，子供たちが現実の課題と向き合いながら学び，国内外の多様な人々と協力し，被災地や日本の未来を考えていく姿が，復興に向けての大きな希望となった。人口減少下での様々な地域課題の解決に向けても，社会に開かれた学校での学びが，子供たち自身の生き方や地域貢献につながっていくとともに，地域が総がかりで子供の成長を応援し，そこで生まれる絆を地域活性化の基盤としていくという好循環をもたらすことになる。ユネスコが提唱する持続可能な開発のための教育（ESD）も，身近な課題について自分ができることを考え行動していくという学びが，地球規模の課題の解決の手掛かりとなるという理念に基づくものである。

　このことから，子供たちが社会や世界とつながる教育活動を通して，新しい時代を切り拓くために必要な資質・能力の育成においても ESD を推進したい。

(4) 未来の「人財」を育成する ESD
① ESD とは
　「ESD : Education for Sustainable Development」の略で，持続可能な開発のための教育（持続発展教育）と訳されている[2]。これは 2002 年にヨハネスブルクサミットで我が国が提案した，持続可能な社会づくりの担い手を育むため，地球規模の課題を自分のこととして捉え，その解決に向けて自分で考え，行動を起こす力を身に付けるための教育である。未来を創造し形成していく「人財」の育成を目指した教育と軌を一にする。

グローバル化が進む現在の社会や世界は，気候変動などの環境問題，紛争や貧困の拡大，飢餓や食糧不足等の食糧問題，人権やエネルギー問題，自然災害への防災等，地球的規模の様々な問題に直面している。これらが関連する様々な課題を，持続可能な社会の構築の観点でつなげ，環境・経済・社会・文化の各側面から，総合的に取り組むことを基本的な考え方としている[3]。

②　学校教育における ESD

　平成 20 年告示の学習指導要領は，持続可能な社会の構築に向けた考えを示している。小学校の総則，社会，理科，中学校の社会，理科，技術・家庭，高等学校の地理歴史，公民，理科，保健体育，家庭，農業，工業，水産，理数に ESD につながる記述がある。小学校，中学校，高等学校の総合的な学習の時間では，学校の実態に応じて国際理解，環境，情報，福祉，健康等の横断的・総合的な課題の学習活動を例示している[4]。

　平成 26 年の文部科学省第 2 期教育振興基本計画では，「現代的，社会的な課題に対して地球的な視野で考え，自らの問題として捉え，身近なところから取り組み，持続可能な社会づくりの担い手となるよう一人一人を育成する教育を推進する」と，第 1 期に続き ESD の推進を示している[5]。

　本節，(3) 学校教育の役割の「学校」の意義にもあるように，未来の社会づくりに向けた準備段階としての場でもある学校は，社会や世界の状況に向き合い関わり合っていくことが大切である。これからの時代に求められる資質・能力とは何かを捉え直し，持続可能な未来社会を構築していく「人財」を育成することが，今，求められている。それには，地球上の様々な問題を自らの問題として認識し，解決に向けて考え行動しようとする意欲と使命感，思考力，物事を多角的・多面的に吟味し見定めていく力（いわゆる「クリティカル・シンキング」），発信力等を，児童生徒から引き出し育成できる教職員と，社会に開かれた教育課程の展開が鍵を握っている。

1　村山昇「『人材』と『人財』の違いを考える」2010.11.22.
2　「ユネスコスクールと持続発展教育（ESD）」pp.1-3.
3　2 に同じ。
4　文部科学省『小学校学習指導要領』『中学校学習指導要領』『高等学校学習指導要領』
5　文部科学省「第 2 期教育振興基本計画」平成 25 年 6 月.

2 職員室の円滑なコミュニケーションを生む ピープルマネジメント

（1）なぜ，今まで以上に職員室のコミュニケーションが大切なのか

① 学力観の転換と社会の変化への対応

　学校教育法第30条第2項 に，「学力」の要素が示されている。日本の多くの学校は，この学力観を踏まえた授業研究を行い，求められる学力を育成するための授業改善を推進している。このような日本の学校の取組は，PISA調査において，いったんは順位が後退したものの，見事に上位に返り咲くという結果につながり，世界からの注目を集めている。正に日本の学校の底力だと言っても過言ではないであろう。

　しかし，今後，社会情勢の変化は，これまで以上に加速度を増していくと考えられる。時代に即した教育改革を具現化し，着実に成果を上げてきたこれまでの学校の真摯な取組を，さらに発展・充実させ，これからの新しい時代を切り拓いていくために必要な資質・能力を子供たちに育むことが求められている。そのためには，まず教職員自身がこれまでの成果を大切にしながらも，視野を広げて学校教育への意識の変容を図っていくことが必要である。

　髙木（2015）[1]は，この学力観の転換について次のように述べている。

> 　学力観の転換は，まさにそれまでの「覚える」学力から，「考える」学力への転換と言うことになる。

　また，自分の受けてきた教育を基に教育を語ることについて，警鐘を鳴らしている。

> 　自己の原体験に依拠した教育論議は，未来を生きるこれからの子ども

たちの教育を志向するには，無理があると言わざるを得ない。

　これからの時代に求められる資質・能力を育成するためには，教職員は言うまでもなく，児童生徒や保護者，教育関係者をはじめ，全ての日本国民が，学力観の転換を意識し，原体験ではなく，社会の変化に柔軟に対応して教育を語り，創造していかなければならない。その上で，学校はこれまで以上に社会や世界と接点をもちつつ，多様な人々とのつながりを保ちながら学ぶことができる，開かれた環境となることが不可欠である。

②　職員構成・多忙化・多様化への対応

　次に教員の年齢構成である。大量退職，大量採用の時代に入り，各学校は20歳代と50歳代の二極化の様相を呈しており，中堅教員の年齢層が薄い状況になっている。文部科学省が3年ごとに実施している「学校教員統計調査」によると，平成16〜25年度の10年間で，50歳以上の教員の割合が約14ポイント増えている。30歳未満の教員も約6ポイント増えている。この50歳代の教員と20歳代の教員を，どうつなぎ，学校教育の質を効果的に高めていくかということが問われている。

　また，教職員の多忙化という課題もある。OECDが2013年に実施した「国際教員指導環境調査」によると，日本の教員の1週間当たりの勤務時間は53.9時間で，参加国平均38.3時間を大きく上回り，参加国中最長である。内容としては，課外活動の指導時間が特に長く，事務業務，授業の計画・準備の時間も長い。

　さらに，環境教育，キャリア教育など，「○○教育」という学校教育で取り組まなければならないことも増えている。

③　点から線へ，線から面へ

　教職員を取り巻く環境には厳しいものがある。しかし，だからこそ，これからの未来を創っていくという自負をもち，教職員が孤軍奮闘することなく，チームとして対応することが必要である。そのためには，今まで以上に職員室のコミュニケーションが大切であり，教職員一人一人のよさをつなぎ，組織的な教育活動を全面展開するマネジメントが求められているのである。

（2）ピープルマネジメントを行うために

①　ピープルマネジメントとは

　エム・アイ・アソシエイツ株式会社の代表取締役社長である松丘啓司氏は，マネジメントについて，次のように述べている。

> 　マネジメントには「ワークマネジメント」と「ピープルマネジメント」の二つが含まれます。ワークマネジメントは仕事を計画・管理することによって，目標とする売上・品質・コスト・スピード等を実現するためのマネジメントです。一方，ピープルマネジメントは社員が意欲を高め，主体的に判断し，各自の強みを発揮することを促すためのマネジメントです。マネージャーには両方のマネジメントが求められますが，特にピープルマネジメントは定型化しづらいため，属人的になりやすい傾向があります。
>
> 　適切なピープルマネジメントなしにワークマネジメントだけが行われると，社員の疎外感ややらされ感が高まったり，指示待ちになってしまったりする恐れがあります。その結果，十分な成果が挙がらないばかりでなく，社員が不平不満を口にし，退職率も高まってしまいます。

（エム・アイ・アソシエイツ株式会社ウェブサイト
〈http://www.mia.co.jp/seminar/2014/08/post-6.html〉より抜粋）

　このことを，企業だから教育とは別世界だと言えるであろうか。前述したとおり，厳しくも，未来に向けて転換を図ろうとしている現在の教育界こそ，「教職員が意欲を高め，主体的に判断し，各自の強みを発揮すること」を促すマネジメントが必要であると考える。そうした管理職のマネジメントが，教科等の縦割りや学年を超えて，学校全体で「カリキュラム・マネジメント」を行うことにつながり，学校教育目標の具体的な実現に向けた組織的な教育活動の充実を図ることにもつながるはずである。

②　外に開くために，学校内部の意思疎通の構築を

　また，「開かれた教育課程」の実現に向けた地域住民や関係機関等とのつながりを構築していくには，まず，学校内の風通しをよくすることが求めら

れる。よく，円滑なコミュニケーションが大切だと言われるが，具体的に，どのようなことをすれば，「教職員が意欲を高め，主体的に判断し，各自の強みを発揮する」ことのできる円滑なコミュニケーションができる職場になるのであろうか。

③ ピープルマネジメントに必要なコーチ型マネージャー

株式会社コーチ・エィのエグゼクティブコーチの平野圭子氏は，ピープルマネジメントで人の能力を開発するためにはコーチ型の取組が有効であるとしている。そして，コーチ型マネージャーの能力をワンランクアップするためのポイントを次のように示している。（平野氏が「部下」とした部分を本節筆者が「教職員」に置き換えている）

さて，読者の皆さんは，いくつチェックが付くだろうか。

□教職員がミスをしたとき，責めるよりはどう解決するかを考える。
□実行方法より，自分が求めているものを教職員に話している。
□私がマネージャーになる前となってからの仕事の内容が違っている。
□歩き回って，教職員に声をかけている。
□重要人物から好意をもたれようと努力するより，教職員と一緒に働くことを楽しんでいる。
□話している時間より，聞いている時間のほうが長い。
□組織の現状を把握している。
□一つひとつのステップより，常に最終目標に目を向けている。
□戦略／目的に沿った組織作りをしている。
□いいスタートが切れるように，注意深く計画をたてている。

（all about ウェブサイト ビジネス 学習「ワンランクアップするコーチ型マネジメント」〈http://allabout.co.jp/gm/gc/380831/2/〉より抜粋）

（3）「チーム学校」を目指す

前述したとおり，学校教育を取り巻く環境は，複雑かつ多岐にわたる課題が山積し，個々の教師の力量だけでは対応できない状況になっている。職員室のコミュニケーションを円滑にし，学校教育目標の具現化に向けて意欲的

に取り組む職員集団が求められる。このことについて髙木（2015）[2]は，次のように述べている。

> 学校全体が同じ方向を向き，協働して子供たちの未来に必要な学力育成に向けて，それぞれの立場や役割をわきまえて学校づくりを行うことが，今，求められている。

それぞれの立場や役割がつながり，学校全体が同じ方向を向くためには，円滑なコミュニケションが必要であり，それを生み出すピープルマネジメントが重要なのである。

（4）授業研究を中核としたピープルマネジメント

教科指導，道徳や総合的な学習の時間，特別活動の指導，学級指導，生徒指導，学校行事，生徒会（委員会），特別支援教育など，すべての教育活動において，教職員がチームになり，教育活動の質の向上を図ることが理想である。しかし，複雑かつ多岐にわたる課題が山積している現在の学校でピープルマネジメントを行う際には，何を中核に据えると，他の教育活動にも広がるのか。そして，すべての教育活動において，教職員がチームとなり，学校教育目標の具現化を図るという状況の実現に近付けるのか。

本節の筆者は，「授業研究」であると考える。よりよい授業を作りたいという想いは，すべての教員に共通である。教員以外の職員もよりよい授業づくりを支えるという使命は共通であろう。子供たちの学校生活でも，教員の仕事の中でも，一番長い時間を費やすのが授業である。まず，学校教育で一番大きな存在である授業の研究を用いてピープルマネジメントを行い，他の教育活動への相乗効果を検証するということが効果的であると考える。

本節筆者が共同で授業研究をしている学校の先生方に聞いたところ，授業研究の推進によって，授業以外に変わったこととして，次のようなことを挙げている。

・授業や子供のことについて話すことが増えた。
・それぞれの立場を意識しながら職責に当たるようになった。

- 子供の主体性を大切にした授業の工夫から，子供同士が，休み時間の遊び を決める話合いなどを自然にできるようになった。
- 授業以外でも，子供との関わり合いの大切さを深く感じるようになった。
- いろいろな先生たちと話し合うことの楽しさを感じるようになった。

このように，授業研究が，教職員のコミュニケーションを円滑にし，授業 以外の教育活動にもよい影響を与えていることが分かる。

（5）社会に開かれた教育課程のために

これからの時代は，学校内だけでなく，保護者や地域の人々等を巻き込ん だ「カリキュラム・マネジメント」を確立していくことが重要になる。学校 外とコミュニケーションを図り，巻き込んで「チーム学校」を広げていくた めには，授業研究を中核に据えたピープルマネジメントにより，教職員のコ ミュニケーションを円滑にすることが基本となる。校内がしっかりと連携で きなければ，校外と連携することは不可能だからだ。

これからの社会を創り出していく子供たちが，社会や世界に向き合い関わ り合い，自らの人生を切り拓いていく資質・能力，それは，教師自身にも求 められる資質・能力である。

このことを管理職が念頭に置いてピープルマネジメントを行い，教職員が 意欲を高め，主体的に判断し，各自の強みを発揮することができれば，校外 とのつながりも広まり，社会に開かれた教育課程が実現できるであろう。

子供たちに求める資質・能力を教職員が身に付けているか，校外との連携 の前に校内の連携ができているか。自問自答しながら研鑽を積み，世界に誇 る日本の学校教育をさらに進化させようではありませんか。

子供たちの未来を創るために……。

1　髙木展郎『変わる学力、変える授業。』p.iii，p.25，三省堂，2015.
2　髙木展郎・三浦修一・白井達夫『「チーム学校」を創る』p.19，三省堂，2015.

3 学級経営・教科指導としての ピープルマネジメント

(1) ピープルマネジメントを取り入れる意味

　マネジメントには，大きく分けて，「ワークマネジメント」と「ピープルマネジメント」の二つがある。

　この二つのマネジメントをうまく使いながら，会社では，組織づくりを進めている。なぜなら，仕事の効率だけを考えて，ワークマネジメント一辺倒になると，いい結果は生まれない場合が多いからである。

　ワークマネジメントだけが行われると，結局，目標を達成することだけに焦点が当てられ，結果だけが求められてしまい，仕事をしたプロセスや，そこにいる一人一人の努力は，無視されてしまうことになるからである。その結果，社員の疎外感や，やらされた感が高まり，仕事に対して，指示待ちになることもある。そのため，初期の目的であった目標の達成に十分な成果が挙がらないばかりでなく，多くの社員が不平不満を口にし，会社に気持ちを向けることができなくなってしまう状態になる。ワークマネジメントだけで仕事を進めると，社員が自分のよさを生かすことができず，自己有用感を高めることも難しくなっていってしまう。

　そこで，ワークマネジメントに合わせて，ピープルマネジメントを取り入れれば，社員の「やる気」が高まり，個々の主体的な判断により，会社をよりよいものに発展させることも可能となってくる。

　こういった，実社会で使われている，ワークマネジメントとピープルマネジメントの二つのマネジメントの視点や考えを学校にも取り入れてみてはどうだろうか。

　特に，本節では，ピープルマネジメントの視点や考えを学校に取り入れて，適切なピープルマネジメントが，これからの児童生徒を育てることに必要であることを述べていきたい。

（2） ピープルマネジメントはなぜ必要なのか

　では，今なぜピープルマネジメントの視点や考えが必要なのか。まず，学級経営と教科指導の二つの面からの現状について述べてみたい。

　まず，現状の学級経営についてみていこう。

　今までの学校では，学級は各担任の教員に学級経営が任され，学級ごとに特色があることが当たり前であった。一つの例だが，4月の学年が始まったばかりの段階で，保護者の方から，今年のクラスは「あたり」と一年を見通したつぶやきが出てしまうことがあった。これは，キャリアのある教員が児童生徒に目配り，気配りをして，経験に基づいて学級経営してきた実績に対して，地域の方や昨年度の保護者，卒業生の保護者からの評判が在校生の保護者等に伝わった結果出てくるつぶやきであった。つまり，あの教員なら学級経営がしっかりして安心できるという評価が定着した結果であった（逆が「はずれ」である）。個人のキャリアに裏付けられた評判が，その先生のその学校での評価となり，「あたり」の話が出てしまったのであった。今までの学校は，個人の力量で子どもを育てていた部分が大きかったため，このような個人の評価があったことは事実である。

　次に，現状の教科指導についてみていこう。

　今までの教科指導では，知識を教える教育の実践が積み重ねられ，授業の上手な名人の先生による授業が高い評価を得て，知識を教え込むことを中心とした授業実践がなされてきた。一つの例だが，こういった授業は，1時間の授業中に私語がなく，同時に先生の声だけが教室に響き，一方通行の知識の伝達の授業がなされてきた。黒板に書かれた言葉を完全にノートに写し覚えることが学習であるとされていた。この結果，記憶の再生で優劣が決まり，相対的に評価されてきたのである。

　今までの学級経営や教科指導のやり方が，全て悪いこととは言わないが，現在から未来に向けての教育は，協働することが求められ，思考力，判断力，表現力等の育成が求められている。児童生徒が，主体的に学び，教え合い，学び合ってこそ，児童生徒に学力が付いていく。この視点を大切にして，どう実践をすればいいのだろうか。

　教育が教員個人の力で児童生徒を育てる時代から，学校教職員全体と地域

社会を含めた全体でチームとして児童生徒を育てる時代に変わった。だから，今こそ教員一人一人に意識の変換が必要である。

また，学校での教育が実社会・実生活に生きて働き，役立つものにすることを踏まえると，ピープルマネジメントの視点や考えが必要になってくる。

この視点や考えで，教科指導，学級経営をすることは，個々で学級を経営し，1年を過ごし，また次の年，自分のルールで児童生徒を育てるという今のスタイルからは，ずいぶん違うものになると考えられる。私たち指導者も視点や考え方を変え，児童生徒に対する指導を，大きくパラダイムシフトしなければならない。

校長がリーダーシップをとりながら，学校全体をチームとして考え，「子供を主語」にした学校づくりをしていかなければならない。

ピープルマネジメントの視点や考えを学校に取り入れ，学級指導や教科指導を通して，児童生徒一人一人の力を育成し，実社会でも必要となる資質能力を育てていきたい。

(3) 学級経営のピープルマネジメントについて

ピープルマネジメントの視点や考えから学級経営をみていこう。

まず，学校には学校ごとの教育目標があり，それを受けて，学級には教育目標をより具体化した学級目標がある。学級という集団はそれを目標にしながら，学年のまとまりを意識し集団を作っていく。チーム学校の中心は，教育目標であり，一端を担うのが学級である。学級目標を作る際も，話合いで決め，教室掲示はだれが作るか，学級新聞にどう載せるか，そこには，適材適所にピープルマネジメントをする考え方が大切である。

学級には担任がいる。児童生徒にとって最も身近な他人の大人である。服装，言動など常に範を示す存在にならなければならない。学級では，常に「子供が主語」であり，それを支えるのは教員であり，範を見せて児童生徒を引っ張るのも教員である。その姿は，言い換えれば，オーケストラをまとめるコンダクターの役目であり，映画監督の役目である。まさに，担任は，重要な役目を担うことになる。役目の根底には，児童生徒一人一人の意欲が生きるように考え，それぞれを配置する責任がある。目配り，気配りをする

からこそ大変である，しかし，だからこそ教員は楽しい。

　さて，もう少し具体的に，学級でのピープルマネジメントを考えていこう。第一歩として，児童生徒が主体的に参加できるような集団の方向付けをすることが大切である。次に，担任と児童生徒との会話の機会を増やし，こちらの思いを伝えたり，児童生徒がどこにやる気を出すのかをつかんだりしていく。一回つかんだらそれで終わりで1年間続けるというのではなく，さらに児童生徒の変化成長に目配りをしていく。常に様子をつかみ，変化や成長に対してアンテナを高くし，キャッチしていく。そして，より力を発揮できる場を与えていく。

　例えば，中学校では普段は大人しい生徒が，合唱コンクールになるとピアニストとして力を発揮したり，教室の授業中ではあまり活発ではない生徒が，体育祭では中心になったり，それぞれの特性を伸ばしながら，あるときはリーダー，あるときは参謀，あるときはフォロアーと，場面や役割に合った力を一人一人が発揮することの大切さが学べるようにピープルマネジメントをしていく。子供たちに，小さな社会としての学級の中で，それぞれが役割をもち，その必要性を理解し，さらに実社会でも自分の力を発揮し，どんな社会に変革しようとも乗り越えていける力を身に付けさせることが大切である。

　そして，教員の評価はスタート時ではなく，場面ごとのやり取りを通して一年が経過し，次の学年に進級，進学したときに決まることは言うまでもない。

(4) 教科指導のピープルマネジメント

　次に，ピープルマネジメントの視点や考えから教科指導をみていこう。教科指導については，小学校は6年間，中学校，高等学校は3年間，学習指導要領に基づいて授業実践がされる。そこでのピープルマネジメントは，教員が児童生徒を導くファシリテーターの役目をすることである。教科によって，早く基礎基本を習得して活用まで学べる児童生徒や，なかなか習得できない児童生徒まで，進捗状況はいつも十人十色である。早く習得した児童生徒は，習得できていない友達に教えるなどの指示を的確に出し，一人一人の

適材適所を見極め，ピープルマネジメントをする役目を教師が担わなければならない。

では，具体的には，教科指導でのピープルマネジメントはどうすればいいのだろうか。中学校を例に挙げれば，学習状況は教科ごとに，生徒が実社会に出ても通用する最低限の力が身に付くように指導している。

中学校は教科担任制なので，その特性を生かし，きめ細やかに一人一人の生徒を見て，教科の中で身に付ける力を意識させて，必要に応じて，仲間に教える機会を多く設け，相手に説明することによって，思考力，判断力，表現力等が身に付くように育てていくことが大切である。分かった生徒も，まだ分かっていない生徒でも主体的に学びたいという姿勢がもて，基礎基本を習得し，分かったことを活用し，さらに深く考える探究まで進めるようにマネジメントをしなければならない。さらに，教科担任制であるからこそ，教科間の生徒一人一人の情報の共有は大切である。

（5）だれがどうやっていくか―まとめ―

学校での児童生徒のピープルマネジメントを行うのは，学級担任・教科担任，そして，学校全体の教職員である。

再度確認するが，児童生徒一人一人が意欲を高め，主体的に判断し，各自の強みを発揮することを促すためのマネジメントがピープルマネジメントである。

例えば，学級では担任が学校の一年間の学校行事，学年の行事，学級での諸活動等で必要な人員を見通し，最低でも一人一役は関われるようにマネジメントをする。そして，一人一人の記録をきちんと残し，次の学年に引き継いでいく。もちろん，年間の中で成長するので，当初の見込みと違った人材が出てくることもあるだろう。一年を振り返り，学級の一人一人が，活躍の場が与えられ，かつ，自ら主体的に行動できていたと各自が判断できるようにする。

具体的に，小学校では，学齢に合わせて，横の連携（同じ学年）と縦の連携（1年〜6年）をしっかりと取りながら，ピープルマネジメントを進めていく。大きな行事の運動会，学芸会などで自ら計画を立てたり，複数の意見

を聞きながら実行したりできる人材を育成して，中学校につなげていく。

　中学校では，三年間という期間で義務教育を修了するので，小学校で培った力を発揮できるように，小学校との連絡連携を密にとり，ピープルマネジメントを進めていく。また，学校の諸行事でも，運動に優れた力を発揮する生徒は体育祭で，文化的な部分で力を発揮する生徒は文化祭でと，生徒一人一人がもっている力を存分に発揮できるようにマネジメントをしていきたい。

　小学校，中学校とも，行事ばかりでなく，日常の諸活動も大切である。目立たない学級の仕事でも，きちんと評価をして，それぞれの仕事の大切さを指導していく中で，適材適所の配置になるように工夫をする。

　教科の授業では，教科の特性で力を発揮する児童生徒の様子を把握し，学習に意欲をもち，学級では主体的に行動し，全体の中で何をすればいいのかを自覚できるように，個人の力を高めることが大切である。

　一人の児童生徒を複数の教員が育て，多くの場面で，児童生徒の力が発揮できるようにするために，ピープルマネジメントの視点や考え方は大切である。同時に，チームとしての学年，学級，学校，地域という視点をもち，連携を密にすることが児童生徒を育てることにつながっていく。

　教員として，将来の日本を支える児童生徒に対して，指導する仕事に就いた誇りと，成長を見て取れることに最大の喜びをもって接することが大切である。ピープルマネジメントの考えを有効に実践してほしいと願っている。

髙木展郎『変わる学力、変える授業。』三省堂，2015.
髙木展郎・三浦修一・白井達夫『「チーム学校」を創る』三省堂，2015.
日産自動車株式会社　グローバル人財開発グループ宮嶋奈美
「技術的成長に欠かせないマネジメント研修」

4-1 アクティブ・ラーニングを支える ファシリテーション1
―授業づくりの視点から―

（1）なぜ今，アクティブ・ラーニングなのか

　昨今，アクティブ・ラーニングの重要性が教育界で広く言われている。アクティブ・ラーニングのファシリテーションに向けて，まずは，その背景について整理したい。

　平成24年8月の中央教育審議会「新たな未来を築くための大学教育の質的転換に向けて～生涯学び続け，主体的に考える力を育成する大学へ～（答申）」において，次のように示された（p.9）[1]。

> 　生涯にわたって学び続ける力，主体的に考える力を持った人材は，学生からみて受動的な教育の場では育成することができない。従来のような知識の伝達・注入を中心とした授業から，教員と学生が意思疎通を図りつつ，一緒になって切磋琢磨し，相互に刺激を与えながら知的に成長する場を創り，学生が主体的に問題を発見し解を見いだしていく能動的学修（アクティブ・ラーニング）への転換が必要である。すなわち個々の学生の認知的，倫理的，社会的能力を引き出し，それを鍛えるディスカッションやディベートといった双方向の講義，演習，実験，実習や実技等を中心とした授業への転換によって，学生の主体的な学修を促す質の高い学士課程教育を進めることが求められる。学生は主体的な学修の体験を重ねてこそ，生涯学び続ける力を修得できるのである。

　つまり，学生が「どのように学ぶのか」についての変革が，大学教育に求められたのである。学生からの授業評価は各大学で定着してきたが，自らの授業を主体的・協働的な学びという視点から変えていくことが求められている。同時に，大学教育の変革を通して，高等学校の教育についても変革しようとしている。我が国では，伝統的に小・中学校を中心に授業研究が活発で

ある。大学と高等学校もこれに倣って，授業を研究対象にして磨いていくべきで，小・中学校においては，授業に一層の磨きをかけようとするものである。

（2）アクティブ・ラーニングとは何か

　では，現行の学習指導要領で求められている「言語活動の充実」や「学習意欲の向上」に取り組んできた教員にとっては，これまでと学習観，指導観をいかに変えるべきなのか。また，各教科教育の学問領域で長く重視され実践が蓄積されてきた〇〇活動（例えば，数学教育学における「数学的活動」）との整合をどうとるべきなのか。これらの問いについて考えたい。

　同答申の用語集では，以下のようにアクティブ・ラーニングを定義している（p.37）[1]。

> 　教員による一方向的な講義形式の教育とは異なり，学修者の能動的な学修への参加を取り入れた教授・学習法の総称。学修者が能動的に学修することによって，認知的，倫理的，社会的能力，教養，知識，経験を含めた汎用的能力の育成を図る。発見学習，問題解決学習，体験学習，調査学習等が含まれるが，教室内でのグループ・ディスカッション，ディベート，グループ・ワーク等も有効なアクティブ・ラーニングの方法である。

　大学教育の文脈での定義であるが，小・中・高等学校においても，同様の捉え方ができよう。児童生徒の能動的な参加を基本とし，授業のねらいである教科・領域等の内容の認知的能力はもちろんのこと，倫理的，社会的能力などを含めた汎用的な能力を育成することが目指されている。そして，文部科学大臣「諮問（理由）　初等中等教育における教育課程の基準等の在り方について」で，「課題の発見と解決に向けて主体的・協働的に学ぶ学習（いわゆる『アクティブ・ラーニング』）」と表現されたのである（p.2）[2]。

　では，具体的に学習プロセスをどのように改善する必要があるのであろうか。「論点整理」では，学習プロセス等の重要性に関して，次のように述べ

られている（p.8）。

○　学びを通じた子供たちの真の理解，深い理解を促すためには，主題に
対する興味を喚起して学習への動機付けを行い，目の前の問題に対して
は，これまでに獲得した知識や技能だけでは必ずしも十分ではないとい
う問題意識を生じさせ，必要となる知識や技能を獲得し，さらに試行錯
誤しながら問題の解決に向けた学習活動を行い，その上で自らの学習活
動を振り返って次の学びにつなげるという，深い学習のプロセスが重要
である。また，その過程で，対話を通じて他者の考え方を吟味し取り込
み，自分の考え方の適用範囲を広げることを通じて，人間性を豊かなも
のへと育むことが極めて重要である。

つまり，学ぶ動機付けや新たな知識・技能の必要性を感得させた上で，問
題解決的な学習及びその振り返りを通して，深い学びを実現することの重要
性が説かれている。また，そこでは対話的な学びがきわめて大切であり，豊
かな人間性へとつながるのである。
また，問題発見・解決や主体性に関わって，次のように続けられている。

○　また，学習のプロセスにおいて，人類の知的活動を通して蓄積され精
査されてきた多様な思考の在り方を学び，その枠組みに触れることは，
問題発見・解決の手法や主体的に考える力を身に付けるために有効であ
り，その点で教科間の区別を超えて重要である。

さらに，知識，技能の捉え方，その学習方法に関して，次のように述べら
れている。

○　身に付けるべき知識に関しても，個別の事実に関する知識と，社会の
中で汎用的に使うことのできる概念等に関する知識とに構造化されると
いう視点が重要である。個々の事実に関する知識を習得することだけが
学習の最終的な目的ではなく，新たに獲得した知識が既存の知識と関連

106

付けられたり組み合わされたりしていく過程で，様々な場面で活用される基本的な概念等として体系化されながら身に付いていくということが重要である。技能についても同様に，獲得した個別の技能が関連付けられ，様々な場面で活用される複雑な方法として身に付き熟達していくということが重要であり，こうした視点に立てば，長期的な視野で学習を組み立てていくことが極めて重要となる。

　ここでは，知識，技能を構造化して捉えた上で，長期的な視野で学習プロセスを構想していく必要性を説いている。そしてその手立てとして，アクティブ・ラーニングが中心的に取り上げられるわけである。

　アクティブ・ラーニングの意義は，「論点整理」において，「思考力・判断力・表現力等は，学習の中で，(2)①ⅱに示したような思考・判断・表現が発揮される主体的・協働的な問題発見・解決の場面を経験することによって磨かれていく」，「身に付けた個別の知識や技能も，そうした学習経験の中で活用することにより定着し，既存の知識や技能と関連付けられ体系化されながらも身に付いていき，ひいては生涯にわたり活用できるような物事の深い理解や方法の熟達に至ることが期待される」とされている（p.17）。

　このアクティブ・ラーニングを実施する上での教員の基本的な心構えとして，田村（2015）の指摘は興味深い[3]。

　　子どもが「未来は自分たちでつくるものだ」と思い，実際に身の回りのことを変えようと動いたときに，そこでの成功や失敗を通して，本当に未来を切り開く能力や知識を獲得していく，という側面こそが大きいのではないだろうか。このように自ら社会にかかわろうとする意識，いわば「未来社会を創造する主体としての自覚」を育てることが重要である。

　これは主として汎用的な能力についての言及とも捉えられるが，「未来」という文言を「教科等の知識」と置き換えると，教科等の社会的構成主義的な学習観が浮かび上がってくる。教科等の知識等について協働的に創造する

楽しさを実感できる授業の日常的な実現が求められているのである。

このように考えると，これまで重視され蓄積されてきた各教科等における「○○活動」を通してアクティブ・ラーニングを実現するという捉え方が自然であろう。「論点整理」の補足資料では，資質・能力としての「三つの柱」が高等学校各教科必修科目別で整理されている（pp.111-114）。ここでは「資質・能力の育成のために重視すべき学習過程等の例」が示されており，各教科等におけるアクティブ・ラーニングの捉え方について，今後も影響力があるものと考える。

（3）どのようにアクティブ・ラーニングをファシリテートするか

では，実際に教室等でアクティブ・ラーニングをどのように実現すればよいのだろうか。教員は，いわゆる指導者という視点をもちつつも，生徒の能動性・協働性を引き出し，授業の目標を自立的に達成するためのファシリテーターとしての役割が必要である。

ファシリテーションという考え方は元々，ビジネスにおいて確立されてきたリーダー論に基づくものである。リース（2002）によると，ファシリテーションとは，「グループが目標を達成できるように，ファシリテーターがグループのプロセスの構築と管理をしながら会議を進行させること」として定義されている[4]。そして，ファシリテーターの役割は「中立的な立場で」「チームのプロセスを管理し」「チームワークを引き出し」「そのチームの成果が最大となるように支援する」ことであるとしている。これを学校教育に置き換えると，ファシリテーターとしての教員の役割は，「中立的な立場で各グループの思考プロセスを把握しつつ，各グループにおけるチームワークを引き出して，教科等の目標に向けて最大の力を発揮させるように支援すること」と捉えられよう。

ここでは，アクティブ・ラーニングのファシリテーションについて，基本的な考え方を概説した上で，具体例（中学校数学科）を基に理解を深めたい。

① 基本的な考え方

「論点整理」では，学習・指導方法について「特定の型を普及させること

Ⅲ　人材を育成する・人財を開発するマネジメントの在り方とは

ではなく」「具体的な学習プロセスは限りなく存在し得る」とした上で，研究を重ね，ふさわしい方法を選択しながら工夫して実践することの重要性を説いている。そのための視点が，次のⅰ）〜ⅲ）である（p.18）。

ⅰ）習得・活用・探究という学習プロセスの中で，問題発見・解決を念頭に置いた深い学びの過程が実現できているかどうか。

　新しい知識や技能を習得したり，それを実際に活用して，問題解決に向けた探究活動を行ったりする中で，資質・能力の三つの柱に示す力が総合的に活用・発揮される場面が設定されることが重要である。教員はこのプロセスの中で，教える場面と，子供たちに思考・判断・表現させる場面を効果的に設計し関連させながら指導していくことが求められる。

ⅱ）他者との協働や外界との相互作用を通じて，自らの考えを広げ深める，対話的な学びの過程が実現できているかどうか。

　身に付けた知識や技能を定着させるとともに，物事の多面的で深い理解に至るためには，多様な表現を通じて，教師と子供や，子供同士が対話し，それによって思考を広げ深めていくことが求められる。こうした観点から，前回改訂における各教科等を貫く改善の視点である言語活動の充実も，引き続き重要である。

ⅲ）子供たちが見通しを持って粘り強く取り組み，自らの学習活動を振り返って次につなげる，主体的な学びの過程が実現できているかどうか。

　子供自身が興味を持って積極的に取り組むとともに，学習活動を自ら振り返り意味付けたり，獲得された知識・技能や育成された資質・能力を自覚したり，共有したりすることが重要である。子供の学びに向かう力を刺激するためには，実社会や実生活に関わる主題に関する学習を積極的に取り入れていくことや，前回改訂で重視された体験活動の充実を図り，その成果を振り返って次の学びにつなげていくことなども引き続き重要である。

　つまり，上記の視点を端的に表現すると，深い学び，対話的な学び，主体

的な学びである。これらの視点で，一人一人の教員が主体的に単元や授業を構想していくことが重要なのである。

では，アクティブ・ラーニングのファシリテーションの要点について考えていきたい。リース（2002）では，その資質として次のA，Bが挙げられている[4]。

- 資質A　問題の本質がどこにあるかを嗅ぎ分けること
- 資質B　人の感情に働きかけること

教科等の指導に置き換えると，資質Aは，指導内容に関する深い教材研究に基づいて，生徒の多様な考えや表現を授業中に価値付けたり生かしたりすることである。また資質Bは，生徒とのやりとりを通して，各自を励ましたり問いを共有したりして意欲を喚起し，生徒同士の積極的な参加を促すことである。これらの二つの資質を身に付けることは簡単ではないが，その体系化されたスキルについては，リース（2002）等を参考にされたい。

② **具体例（中学校数学科）**

本実践は，中学校数学科第3学年において数学的活動（日常生活や社会で数学を利用する活動）を通した，アクティブ・ラーニングである。問題を理解してグループで協働的に考える第1時，各グループの考えを全体で共有して考えを深める第2時，という構成であるが，ここではファシリテーションと生徒の活動に焦点を当てて，第1時を中心に報告する。

図1　CMの話題からの問題

本時は，神奈川県内の公立中学校3年生を対象に「二次方程式の利用」の小単元末に実践した。目標は「具体的な事象の中の数量の関係を捉え，二次方程式をつくることができる」である。生徒の多様な思考や表現をもとに二次方程式をつくる過程やこれらを互いに関連付けて新たな気付きを促す過程で，お互いの考えを解釈しようとする態度を汎用的な能力として育成すべく実践した。

導入では，まずテレビCMについて生徒とやりとりしてから図1の問題

を提示し，総当たりのリーグ戦で，同じチームと２回ずつ試合すること（ホーム＆アウェー方式）を確認し，結果を予想させて関心を高めさせた。

その後，個人で考える時間を与えず，各グループにホワイトボード（１枚）とペン（人数分）を配付して，四人程度の班員で協力して考えるように伝えた。グループ活動の前に個人で考える時間を設けることも考えられるが，各自の発想の断片を集めて一つの思考や表現を生かしていく過程を重視し，あえて設けなかった。そして，この活動のゴールはグループの全員が納得することとし，積極的な質問や意見交換を生徒たちに要求した。

グループ活動が始まり，机間指導をしていった。ここでは前述の資質A，Bに関わる観点で机間指導し，生徒の活動の把握と必要最小限の介入を行う。まずは次の観点で生徒同士の話合いに聞き耳を立てるようにした。

観点ア 誤解なく，問題を正しく理解しているか。

観点イ 誰も話そうとしない“硬直した雰囲気”はないか。

観点アについて，問題を誤って理解していると見られる生徒がいるグループには，必要に応じて授業者が介入して説明し，問題の条件や解決の目的などの正しい理解を促した。また，観点イについては，できるだけ授業者は介入せずに「なぜ硬直しているか」の見取りに専念した。控えめな生徒が多い，全く考えが浮かばないなど，いつまで経っても考えが表に出ない場合には，授業者がそのグループで一人ずつ考えを聞き出したり，ホワイトボードに書き出させたりするなどして，話合いのきっかけづくりに努めた。

徐々に活動が進み始め，次の観点で見て回った。

観点ウ 全員の生徒が参加し，考えを理解できているか。

観点エ 複数の活動が同時に行われているか。

観点ウは，活動にあまり関わっていないような生徒を見つけるように努めることが大切である。見つけたら時機を見計らい，「みんな，△△の部分は分かった？　○○さんはどう？」などと声をかけ，不安そうな表情を見せた場合には「□□さん，もう一度○○さんに説明してあげたら？」「☆☆さん，別の言い方はできないかな？」などと様々なアプローチを促し，全員の考えや理解に深まりをもたせられるようにした。グループでの協働的な解決においては，得意な生徒が苦手な生徒に教える場面がどうしても増えてしま

う。しかし，苦手な生徒が得意な生徒の説明を解釈しようとすることや，得意な生徒が苦手な生徒に納得してもらえるような説明を多様に試みることは，とても重要な学びである。

また観点エは，手の空いている生徒に必要な作業を促したり，活動の終了時刻を知らせたりしながら，活動が円滑に進むように仕向けていった。

それぞれのグループで話合いが進むようになってきたところで，数学的な考えや解決の深まりに着目して，次の観点で机間を見て回った。

|観点オ| 各グループがどのような考えを進めようとしているか。
|観点カ| 各グループの考えにはどんな見方や考え方が潜んでいるか。
|観点キ| 各グループの考え同士にはどのような関連があるか。

大学生ではそれほど教員の介入は必要ないかもしれないが，中学生では社会的スキルの未成熟さゆえ，教員の介入が必要な場面がある。その関わり方や時機がきわめて重要であると考える。

例えば，2班（図2）は，チーム数と試合数を順に並べ，規則性を見いだすという方針を固め，四人が別々に自分のノートで帰納的に立式を試みていた。必要に応じて互いのノートを見せ合い，覗き合いながらの会話はあるものの，協働して考えてはいなかった。途中，一人が規則性を見いだし，x^2-x でつじつまが合うことに気付いた。

図2　対応表から立式した考え

その後，他の三人に説明して理解が得られ，達成感の笑顔が広がった。そこで，教師がその三人のうちの一人に考えを聞いた上で，演繹的な説明には至っていないことを見取り，「10チームや100チームのときにもこの式になるのかな」と問いかけ，さらに考えさせた。その結果，グループ活動の時間内には演繹的な説明はできなかったが，第2時で他のグループの考えと関連付けることで理解を促そうと判断した。

4班は（図3），運動部の生徒から対戦表を使う考えが出され，A〜Fまでの6チームの場合の対戦表をホワイトボードにかいて，30試合あること

を求めた。しかし，試合数を数えることはできても，チーム数の一般化に向けて式で表すことには至っていない様子であった。そこで，教師が「この30試合を式で求められないかな」と問いかけ，各自の考えを促した。すると，ある生徒が$(5+4+3+2+1)\times 2$と表した。しかし，xを用いた式では表せない。しばらくして別の生徒が

図3　対戦表で立式した考え

6^2-6であることに気付いた。その考えを他の生徒に伝え，対戦表や長方形の面積と関連付けて演繹的に説明することで一般化が認められ，$x^2-x=306$と立式できた。お互いを称える姿，喜ぶ笑顔が印象的であった。

　他にも，樹形図や多角形で試合の組み合わせを整理することで立式したグループがあった（図4，5）。

　これらの多様な考えを第2時で共有し，比較したり関連付けたりして解釈することで，相互の関連性を発見していくことができた。数学的活動を通して深い学び，対話的な学び，主体的な学びを実現できた一例である。

図4　樹形図から立式した考え

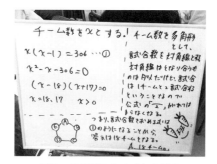

図5　多角形から立式した考え

1　中央教育審議会「新たな未来を築くための大学教育の質的転換に向けて〜生涯学び続け，主体的に考える力を育成する大学へ〜（答申）」，p.9, p.37. 平成24年8月.
2　文部科学大臣「初等中等教育における教育課程の基準等の在り方について（諮問）」（理由），p.2, 平成26年11月.
3　田村学『授業を磨く』p.105, 東洋館出版社，2015.
4　フラン・リース『ファシリテーター型リーダーの時代』，プレジデント社，2002.

4-2 アクティブ・ラーニングを支える ファシリテーション 2
―学級（H.R.）経営の視点から―

(1) "2 つの AL"（Active Listening と Active Learning）

　筆者は，これまで 40 年にわたって教育臨床の仕事に携わってきている。教育臨床の実践にとって"要"となるのが，カウンセリングの第一人者である C. ロジャーズ（1967）が提唱した Active Listening（能動的聴き方）である。彼は，子供たちのどんな問題行動であっても，その子なりの言い分があるはずで，まずは，その言い分に耳を傾けるアクティブ・リスニングを対処の出発点としている[1]。

　このアクティブ・リスニングは，我が国の教育界においては，これまで，生徒指導の代表的な手立てとして注目されてきた。特に，平成一桁の時代には「全ての教師にカウンセリングマインドを！」というスローガンと共に，このアクティブ・リスニングが生徒指導のキーワードとなっていた。

　さて，もう一つの略称 AL であるアクティブ・ラーニングが，平成 24 年の中教審答申に示されて以降，次期学習指導要領改訂の目玉として，にわかにクローズアップされている。その特徴としては，子供たちの主体的な学び，課題解決的な学び，協働的な学びが代表的なものとして挙げられている。主に，学習指導面で注目されているキーワードと言えるが，筆者は，最近，アクティブ・リスニングとの関連性に注目して，次のような問題提起を行っている。すなわち，「教師のアクティブ・リスニングを通して，子供たちのアクティブ・ラーニングが促される」（生徒指導が学習指導の基盤となる）という提案である。

　ところで，教師による"促し"に当たる英語表記がファシリテーション（facilitation）である。C. ロジャーズは，彼の考案した Basic Encounter Group というグループカウンセリングの世話役を，ファシリテーター（facilitator）と呼んでいる。本稿は，以上の提案を，学級（H.R.）経営の観点から新たに論考していくことを目的としている。

（2）教育臨床の視点からみた子供たちの気になる状況

① 和の精神の光と影（ピアサポートがピアプレッシャーに）

　日本の伝統文化は和を美徳とするところに特徴がある。東京オリンピック招致運動のときにクローズアップされた"おもてなしの心"は，その代表と言えよう。また，3.11の大震災のときに略奪がほとんど起こらなかったことに対して世界各地から驚きと賞賛の声が寄せられたが，こうした背景にも，和の精神の光の部分と言えるピアサポートが影響していると思われる。子供たちにも，この光の部分を引き継いでいってもらいたいと切に願っているが，残念ながら，和の精神の影の部分を発揮する子供たちが目につく。ピアプレッシャーに振り回される彼らの状況は，その代表と言えるであろう。これは，自分を押し殺してでも周りに合わせようと神経をすり減らす子供たちの状況を表している。

　この点に関連して，土井（2008）は，その著書『友だち地獄』の中で，中学生の川柳として「教室はたとえて言えば地雷原」を紹介している[2]。ネット用語としての地雷に触れないように絶えずハラハラビクビクしながら学級生活を送っている重苦しい状況が伝わってくる川柳である。また，鈴木（2012）は，スクールカーストを紹介する中で，今，学級生活において主流となるノリやキャラ，空気に合わせられる層と合わせられない層に子供たちが振り分けられ，合わせられない層が，いじめのターゲットになっている状況を報告している[3]。

② いじめの傍観者から仲裁者へ（ピアプレッシャーからピアサポートへ）

　平成25年からいじめ防止対策推進法が施行され，各学校で策定された基本方針に基づいた取組が始まっているが，残念ながら，その後も，深刻ないじめ事案があとを絶たない。特に近年は，見て見ぬふりをする傍観者の急増が報告されている。傍観者の層は，はやし立てる観衆の層と並んで，いじめの同調行動の代表と言われている。この急増している傍観者の層を減らして，「もういい加減にいじめはやめようや」といった仲裁者の層をいかに増やしていったらよいか，換言すると，ピアプレッシャーの風土を低減しピアサポートの風土をいかに高めていったらよいかが，我が国の喫緊の教育課題となっている。

（3）学級（H.R.）経営の目指す方向と支持的風土を高める四つの工夫

　K.レヴィンの流れをくむグループダイナミクス（集団力学）の研究者であるJ.ギッブ（1971）は，グループの凝集性（まとまり）や生産性の向上は，重苦しい防衛的風土（defensive climate）をゆるめて支持的風土（supportive climate）を高めていくことによって可能となることを明らかにしている[4]。この知見を学級（H.R.）経営の観点から捉え直してみると，防衛的風土がピアプレッシャーが強まった学級の状態像，支持的風土がピアサポートが高まった学級の状態像であり，前者から後者への転換が学級経営の目指す方向と言えるであろう。

　ところで，筆者は，喫緊の教育課題でもあるこのピアプレッシャーを低減して，ピアサポートを高める提案を学級（H.R.）経営の観点から行っている。それが，支持的風土を高める四つの工夫である（図1）。

①　自由で楽しめる風土づくり

　まず求められるのが，重苦しい雰囲気をゆるめて何でも表現でき，自分らしさが発揮できる，そんな風土づくりである。アイスブレーキング（ice breaking）は，その有効な手立てと言えるであろう。重苦しい，過度で余分な緊張を氷（アイス）にたとえ，それを打ち砕く（ブレーキングする）ことを指すが，短時間でできるレクゲームがその代表であり，学習・活動の導入段階での活用が望まれる。ただ，アイスブレーキングを多用すると，楽しさのあまり，悪ふざけやいたずらなどの脱線をする子供たちが出てくる。歯止めが必要となってくる。

②　安心で安全な風土づくり

　その歯止めに当たる手立てが三つの明確化（ねらい・手続き・ルール）である。これから行う学習・活動がどんなねらいで，どんな手続きの下，どんなルールに則って行われるかが曖昧だと，子供たちは学習・活動に安心して取り組めないことが，振り返りシートの自由記述から明らかになっている。特に，どんな学習・活動でも大事な三つの基本ルール（暴力NO，パスOK，持ち出し禁）がある。暴力NOは，お友だちの嫌がることは言ったりやったりしないというルール，パスOKは，無理強いや強要はしないという

Ⅲ　人材を育成する・人財を開発するマネジメントの在り方とは

ルール，そして，持ち出し禁は，この学習・活動でやりとりした内容はここで完結，興味本位で外に持ち出さないというルールである。無理強いされ，あるいは，外に持ち出され，ダメージを受け不登校に追い込まれる事例が報告されている。

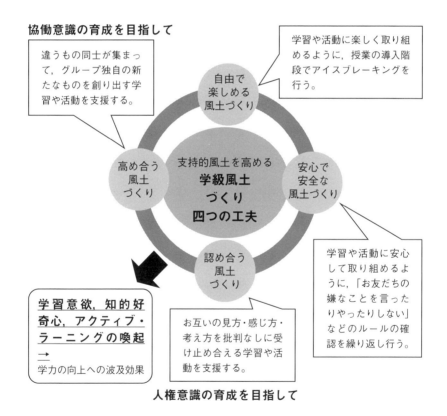

図1　支持的風土を高める四つの工夫

117

③　認め合う風土づくり

　支持的風土を高める中心となるのが，この認め合う風土づくりである。具体的には，学習や活動中に呈示された課題に対して，ペアや小集団に分かれて，お互いに感じたこと考えたことを批判無しに意見交換する取組を指している。こうした分かち合いを通して，"みんな違ってみんないい"といった違いを認め合う人権意識が醸成され，心の居場所感も高まり，例えば，「先生や仲間に思い切って相談してみよう」といった思いや動きの呼び水となることが期待できる。

④　高め合う風土づくり

　違いを認め合う風土づくりは大事であるが，ただ，いつまでも"てんでんばらばら"では困る。四つ目の高め合う風土づくりは，違う者同士が集まって，自分たちのグループ独自の新たなものを創り出す，そんな取組を指している。こうしたグループ独自の練り上げを通して，子供たちの協働意識が醸成され，学級文化創造への気運が高まり，例えば，見て見ぬふりをしていた傍観者の層の中から，「もういい加減にいじめはやめようや」といった仲裁者の役割を担う子供たちの"芽吹き"が期待できるであろう。

(4) 子供たちのアクティブ・ラーニングを促す　　　教師ファシリテーターの役割

　さて，（3）で詳述してきた支持的風土を高める四つの工夫の取組を経る中で，子供たち一人一人の学習意欲や知的好奇心，アクティブ・ラーニングが喚起され，さらには，その土台の上に，彼らの学力向上への波及効果が期待される。

① 三つの促し（ファシリテーション）

　支持的風土を高める四つの工夫の中で，特に，子供たちのアクティブ・ラーニングの促し効果が期待される場面が，気づき（awareness），分かち合い（sharing），練り上げ（elaboration）の取組である。

　まず，気づきの促しが期待できるのが認め合う風土づくりの前半である。気づきの促しとは，学習・活動中に呈示した課題に対して，子供たち一人一人が気づき（自分なりの見方・感じ方・考え方など）を掘り起こす取組を保

障し支援する教師の働きかけを指している。掘り起こしたものをワークシートに書き出してみると，さらに気づきの深まりが期待できる。ストレス社会の中で，オーバーヒートして自分らしさを見失いがちな子供たちが，自分らしさを取り戻し，個性を発揮するきっかけとなる取組であり，アクティブ・ラーニングの代表的な特徴である主体的な学びが喚起される大事な促しと言えるであろう。

　次に，分かち合いの促しが期待できる場面が認め合う風土づくりの後半である。分かち合いの促しとは，掘り起こした気づきを，子供たちがペアや小集団に分かれて，お互いに批判なしに表明し合う機会を保障し支援する教師のはたらきかけを指している。こうした促しを通して，アクティブ・ラーニングにおける学び合いが生起し，協働学習への発展が期待できるであろう。

　さらに，練り上げの促しが期待できる場面が高め合う風土づくりである。練り上げの促しとは，違う者同士が集まって何か自分たちのグループならではのものを創り出したり，グループの独自提案を打ち出したりする取組を保障し，支援する教師のはたらきかけを指している。こうした促しを通して，アクティブ・ラーニングの代表的な特徴である課題解決的な学びや協働的な学びが喚起されると言えるであろう。

②　教師ファシリテーターとしての大事な出番

　子供たちのアクティブ・ラーニングを促す学習や活動においては，子供たちが主人公であり，ファシリテーターとしての教師の基本スタンスは黒子であろう。ただ，黒子に徹することは，何も子供たちの学習や活動の時間が教師にとって"休憩の時間"になることではなく，教師の出番は，実は至るところに用意されている。

　まず，導入時の教師ファシリテーターの出番としては，前出のアイスブレーキングと"三つの明確化"が挙げられる。そして，この二つの風土づくりのバランス調整役が，教師ファシリテーターの大事な出番となっている。どちらかに偏ると問題が生じてくる。すなわち，アイスブレーキングを多用すると楽しさのあまり悪ふざけやいたずらを始める子供たちが現れてくる。逆に，三つの明確化，特に，ルールを徹底しすぎると，彼らは萎縮してしまい，本音で語り合えない重苦しい雰囲気になってしまう。子供たちの状況に

応じて，この二つの風土づくりの"さじ加減"をいかに変えていくかが，教師ファシリテーターの腕の見せどころとなっている。

　展開時の教師ファシリテーターの出番は"三つの促し"が中心となるが，この促しと共に，展開時の大事な出番となるのが"揺さぶり"（confrontation）である。これは，学習や活動が空回りし，お喋りタイムになったり，面倒くさくて怠業的な空気が漂ってきたときに，例えば，「気づきをもう少し掘り起こしてほしい」「（グループリーダーに対して）全員から一言ずつ表明を促してほしい」「グループの練り上げをもう少し深めてほしい」などといった，なにがしかの強めの促しをかけていくことを指している。展開時には，さらに，揺さぶりより強めの"危機介入"（crisis intervention）が必要な事態が生じることもある。その代表が，悪ふざけやいたずらがエスカレートしたいじめ行為であるが，こうした人権侵害の特定の行為にブレーキをかけたり，毅然とした態度で臨むことも，子供たちの安全が脅かされる深刻な事案が続出する昨今，ゆるがせにすることはできないと言えるであろう。

　終結時は，時間切れでカットされることが多いが，学習や活動を振り返っての教師の一言が大きな出番となる。ここでは，教師役割のフィルターをはずして，感じ取れたことを感じ取れたままに語る教師の"自己開示"（self-disclosure）が問われている。子供たちは，ありのままに自分を語るそんな教師を切実に求めていると言えよう。しかも，そうした教師の一言が子供たちの心に響き，彼らの新たな気づきの誘発因になっていくのである。学習や活動の導入時・展開時・終結時に分けて，"三つの促し"以外の教師ファシリテーターの大事な出番を検討してきたが，大事な出番は，本時だけでなく事前と事後にもある。特に，集団活動が苦手な子供たちに対しては，事前に丁寧な説明を行い，先取り不安を和らげたり，本時には状況に応じた参加を促したり，さらには，事後のアフターケアなど，個別ニーズに即した出番が求められているが，担任一人の力では限界がある。2012年の文科省調査で6.5％の出現率が示された発達障害の子供たちへの配慮を含めて，"チーム学校"としてのスクラムを組んだ取組の重要性を，最後にもう一度強調しておきたい。

Ⅲ　人材を育成する・人財を開発するマネジメントの在り方とは

1　C.ロージャズ，友田不二男訳「積極的な聴き方（Active Listening）とは」，『カウンセリングの立場』ロージャズ全集 11 巻，pp.307-310，岩崎学術出版社，1967.

2　土井隆義『友だち地獄』ちくま新書，2008.

3　鈴木翔『教室内（スクール）カースト』光文社新書，2012.

4　J.ギッブ，三隅二不二監訳「信頼関係形成のための風土」，L.ブラッドフォード他『感受性訓練』，pp.367-408，日本生産性本部，1971.

5 資質・能力を育成するための カリキュラム・マネジメント

(1) なぜ，カリキュラム・マネジメントか

① これからの教育に求められる資質・能力

　資質・能力を育成するためのカリキュラム・マネジメントについて考えるためには，これからの教育に求められる資質・能力について確認する必要がある。資質・能力について，「論点整理」では，以下のように述べられている（p.2, pp.10-11）。

> 　これからの子供たちには，社会の加速度的な変化の中でも，社会的・職業的に自立した人間として，伝統や文化に立脚し，高い志と意欲を持って，蓄積された知識を礎としながら，膨大な情報から何が重要かを主体的に判断し，自ら問いを立ててその解決を目指し，他者と協働しながら新たな価値を生み出していくことが求められる。

> 　育成すべき資質・能力を以下のような三つの柱（以下「三つの柱」という。）で整理することが考えられる。（中略）
> i)「何を知っているか，何ができるか（個別の知識・技能）」
> 　各教科等に関する個別の知識や技能などであり，身体的技能や芸術表現のための技能等も含む。（中略）
> ii)「知っていること・できることをどう使うか（思考力・判断力・表現力等）」
> 　問題を発見し，その問題を定義し解決の方向性を決定し，解決方法を探して計画を立て，結果を予測しながら実行し，プロセスを振り返って次の問題発見・解決につなげていくこと（問題発見・解決）や，情報を他者と共有しながら，対話や議論を通じて互いの多様な考え方の共通点や相違点を理解し，相手の考えに共感したり多様な考えを統合したりし

て，協力しながら問題を解決していくこと（協働的問題解決）のために
　　必要な思考力・判断力・表現力等である。（中略）
ⅲ)「どのように社会・世界と関わり，よりよい人生を送るか（人間性や
　　学びに向かう力等）」
　　　上記の i ）及び ⅱ）の資質・能力を，どのような方向性で働かせてい
　　くかを決定付ける重要な要素（中略）。

　これから求められる資質・能力とは，各教科個別で習得すべき知識や技能
などだけではなく，変化の激しい現代でも自ら積極的に問題に取り組み，解
決できるような力でもある。これからの学校では，この資質・能力をどう育
てていくか，教科の枠を超えて考え取り組んでいくことが求められる。

② **求められるカリキュラム・マネジメント**
　まず，カリキュラムについて，様々な意味があるが，本稿ではカリキュラ
ムを教育課程と捉えることとし，「論点整理」で教育課程とは「学校教育の
目的や目標を達成するために，教育の内容を子供の心身の発達に応じ，授業
時数との関連において総合的に組織した学校の教育計画」とされている
（p.21）。そして，その編成主体は各学校に任されている。各学校の教育目標
を実現させるため，今後もカリキュラムのさらなる改善を進めるカリキュラ
ム・マネジメントが重要視されることに変わりはない。そのことについて，
「論点整理」では以下のように述べられている（p.22）。

○　特に，今回の改訂が目指す理念を実現するためには，教育課程全体を
　　通した取組を通じて，教科横断的な視点から教育活動の改善を行ってい
　　くことや，学校全体としての取組を通じて，教科等や学年を越えた組織
　　運営の改善を行っていくことが求められており，各学校が編成する教育
　　課程を核に，どのように教育活動や組織運営などの学校の全体的な在り
　　方を改善していくのかが重要な鍵となる。

○　これからの時代に求められる資質・能力を育むためには，各教科等の
　　学習とともに，教科横断的な視点で学習を成り立たせていくことが課題

となる。そのため，各教科等における学習の充実はもとより，教科等間のつながりを捉えた学習を進める観点から，教科等間の内容事項について，相互の関連付けや横断を図る手立てや体制を整える必要がある。

○　このため，「カリキュラム・マネジメント」を通じて，各教科等の教育内容を相互の関係で捉え，必要な教育内容を組織的に配列し，更に必要な資源を投入する営みが重要となる。個々の教育活動を教育課程に位置付け，教育活動相互の関係を捉え，教育課程全体と各教科等の内容を往還させる営みが，「カリキュラム・マネジメント」を支えることになる。

　これから求められる資質・能力は教科単独で育成することは難しい。学校教育目標を常に意識しながら児童生徒をどう育てていきたいか，教職員が一つのチームとなって取り組んでいく必要がある。そのためには，これまで以上にカリキュラム・マネジメントが重要となる。

(2)　これからのカリキュラム・マネジメントのポイント

　教科指導において指導計画や単元計画等があるのと同じく，資質・能力の育成に関しても計画的に指導に当たる必要がある。そこで，これまでも行われてきたPDCAサイクルの側面からのカリキュラム・マネジメントを基に，資質・能力の育成のためのカリキュラム・マネジメントについて述べていく。

①【Plan】資質・能力の具体的な姿を明らかにして，カリキュラムを作成する。

　資質・能力については，前に引用した「三つの柱」で整理された。この「三つの柱」を基に，「学習指導要領等を踏まえつつ，各学校が編成する教育課程の中で，各学校の教育目標とともに，育成する資質・能力のより具体的な姿を明らかにしていく」（「論点整理」p.11）。このとき社会や世界で求められる人間像も踏まえた上で，教職員が一体となり，具体的な姿を考えていくとよいだろう。

　次に資質・能力の育成を目指したカリキュラムを作成する。各教科単独で

考えるのではなく，「総合的な学習の時間」や「特別活動」等も含めた様々な教育活動が有機的に関わり合うように考えていくことが大切である。

ここで「論点整理」では，資質・能力を育成する指導方法を不断に見直し改善していくための視点として，以下のように記述されている（p.18）。

> ⅰ）習得・活用・探究という学習プロセスの中で，問題発見・解決を念頭に置いた深い学びの過程が実現できているかどうか。
> ⅱ）他者との協働や外界との相互作用を通じて，自らの考えを広げ深める，対話的な学びの過程が実現できているかどうか。
> ⅲ）子供たちが見通しを持って粘り強く取り組み，自らの学習活動を振り返って次につなげる，主体的な学びの過程が実現できているかどうか。

資質・能力の育成について計画を立てるときには，この三つの視点から実践を評価していくことを理解しておきたい。事前にどのように評価するか理解してから計画を立てることで，より効果的な指導を可能とする。

② **【Do】「アクティブ・ラーニング」を取り入れた資質・能力の育成**

資質・能力を育成するための方法には様々あるが，ここでは特に，アクティブ・ラーニングを軸にした実践について述べる。さて，今まで行われてきた言語活動には一定の成果があったと認められているが，これからはさらに，「課題の発見・解決に向けた主体的・協働的な学び」である，いわゆるアクティブ・ラーニングの実践を進めていくことが大切だと言われている。その際，学校全体として，以下の二点に気を付けたい。

一点目は，アクティブ・ラーニングを通してどのような資質・能力を育成するのかを考えることである。ただ単に，カリキュラムにアクティブ・ラーニングという活動を取り入れるだけでは，活動ありきの指導になり，資質・能力の育成につながらない。アクティブ・ラーニングをすることが目的ではなく，アクティブ・ラーニングを通してどんな力を育てていきたいのか確認し，指導を進めていきたい。

二点目は，アクティブ・ラーニングに取り組む際，発達の段階に応じて，活動の方法（例えば，話合いのグループ活動のもち方[1]やホワイトボードの

活用方法など）を学校や学年で共有化することである。方法を統一することによって，よりスムーズに学習活動に入ることができ，結果として指導のねらいが実現しやすくなる。

③【Check】あらかじめ想定してある育った姿を基に，カリキュラムを評価する

カリキュラムの評価について大切なのは，①【Plan】で考えられた育成したい資質・能力の具体的な姿が，いつ，どのような場面で表され，それを何で評価するのか，である。評価場面は，教科だけでなく「総合的な学習の時間」や「特別活動」なども含めて考えていきたい。また，重ねてになるが，活動が終わってからどう評価をするか考えるのではなく，事前に評価について考えてから指導に取り組むことが大切である。

④【Act】カリキュラムを改善する

③【Check】での評価結果の理由や原因がどこにあるのかを明らかにし，カリキュラムを改善していく。このとき，①【Plan】で引用した「資質・能力を育成する指導方法を不断に見直し改善していくための視点」についても配慮する。

評価結果の理由や原因が，例えば，アクティブ・ラーニングにおける活動かもしれないし，地域との連携がしっかりとれていたからかもしれない。または，想定した資質・能力の具体的な姿に現実とのずれがあったのかもしれない。様々な視点から評価結果を分析して，カリキュラムを改善していく。ここでは，学年や教科を超え，全教職員がチームとなってカリキュラムの改善に取り組むことが大切である。改善を繰り返すことで学校教育がより充実し，結果，児童生徒の資質・能力の育成につながっていく。

（3）資質・能力育成において注意したい点

ここまで，PDCAサイクルを基にした，資質・能力を育成するためのカリキュラム・マネジメントについて述べてきた。最後に，資質・能力の育成で特に意識したい点について二点述べる。

①　資質・能力の育成に全員で取り組む組織の在り方

これまでの，知識や技能の内容に沿って体系化されている学習指導要領を

踏まえつつ，例えばそれらを教科間で相互に関連付けながら資質・能力の育成という視点も加えてカリキュラムを作成するためには，学年や教科の枠を超えた研究や組織づくりが重要となる。教科等を束ねる総則の意義を理解して，校長や教頭といった管理職だけでなく，全教職員が学校教育目標を軸に，協働して取り組むべきである。全員で取り組むことで，各学級や教科等の間でしっかりとしたネットワークを構築でき，カリキュラムを柱とした学校運営を可能とする。

　また，「論点整理」にあるように，「各教科等で育まれた力を，当該教科における文脈以外の，実社会の様々な場面で活用できる汎用的な能力にさらに育てていく」（p.15）ために，例えば，「総合的な学習の時間」や道徳教育，情報教育，ESD 等の教科横断的な教育にも注目し，教職員がチームとなってカリキュラムを考えていきたい。このとき，どのような資質・能力を育むかを明確にすることには注意を払いたい。

②　社会に開かれた教育課程

　「社会に開かれた教育課程」の視点で資質・能力を育成するためにも，地域の人材等の活用も進めていきたい。「論点整理」で，「教育内容と，教育活動に必要な人的・物的資源等を，地域等の外部の資源も含めて活用しながら効果的に組み合わせること」（p.22）ともあるように，地域や社会の人材，状況も踏まえたカリキュラム・マネジメントがこれからより一層重要となる。これはすなわち，社会で役立つ力の育成にもつながる。

　今後は，資質・能力の育成の視点からのカリキュラム・マネジメントが求められる。多様化する社会に生きていく子供たちのため，資質・能力を育成させる視点から職員が一体となってこれまでのカリキュラムを整理し，カリキュラム・マネジメントを推進していきたい。

1　髙木展郎『変わる学力、変える授業。』pp.215-218，三省堂，2015.

6 授業の目標をどのように設定するか
－見通し，振り返ることを通して－

（1）教員が見通し，振り返ることで設定される授業の目標

　授業は目的的な営みである。児童生徒に育成したい学力は，意図的・計画的な授業の積み重ねによって育まれていく。したがって，授業の目標は，それが教育課程全体の中でどのような役割を担う単元や授業なのかという見通しの下で設定されることが大切である。

　「論点整理」では，「児童生徒に育成すべき資質・能力」の育成に当たって，次のような点が指摘されている。

・身に付けるべき知識・技能に関しては，「既存の知識・技能と関連付けたり組み合わせたりしていくことにより，知識・技能の定着を図るとともに，社会の様々な場面で活用できる知識・技能として体系化しながら身に付けていくことが重要である」こと（p.10）。
・そのために，「長期的な視野で学習を組み立てていくことがきわめて重要となる」こと（p.8）。
・思考力・判断力・表現力等や情意・態度等に関しては，「各教科等の文脈の中で指導される内容事項と関連付けられながら育まれていく」とともに，「各教科等で育まれた力を，当該教科における文脈以外の，実社会の様々な場面で活用できる汎用的な能力に更に育てていく」こと（p.15）。
・そのためには，各教科等の関連付けや教科横断的な学びを行う等の「総体的観点からの教育課程の構造上の工夫が必要になってくる」こと（p.15）。

　ここでは，「社会の様々な場面で活用できる」ことを目指して，知識・技能の獲得，思考力・判断力・表現力等の育成，情意・態度等の形成をそれぞれ図るために，「長期的な視野で学習を組み立てていくこと」や「総体的観点からの教育課程の構造上の工夫」が重要視されている。

Ⅲ　人材を育成する・人財を開発するマネジメントの在り方とは

したがって，学習指導要領に示される各教科等の授業で身に付けさせたい力についても，その単元や教科等の文脈を超えて活用できる汎用性のある資質・能力となるように，その育成が図られることが大切である。

そのためには，従来から行われている教科等内での習得・活用を意識した単元構成に加えて，教科等間の学習を効果的に関連付け，教科横断的に習得・活用を図ることが有効であると考えられる。

例えば，国語科の授業で習得する「話すこと・聞くこと」の能力は，その単元内でのみ習得・活用して終わりではなく，その後，目的や相手を変えて意識的に活用される中で，さらに汎用的な力として磨かれていく。国語科の別の単元や，総合的な学習の時間をはじめとする他教科等で活用されることもある。このことは他教科等で習得する知識・技能や見方・考え方も同様であろう。それまでに習得した力を異なる場面で何度も使ってみる経験を通して，教科等の文脈を越えて活用され得る資質・能力に育っていくことが期待される。

したがって，授業の目標を設定するに当たっては，次の二点が大切であると考える。

一点目は，その後の単元，他教科等の学習での活用の道筋や，学校の教育課程全体で育てたい力との関連を見通した上で設定すること。

二点目は，新たな知識・技能は既習の知識・技能と結び付くことで体系的に獲得されるため，それまでの児童生徒の学習履歴や既習事項等，実態を踏まえて目標を明確にすること。

① 年間指導計画の作成段階における目標の設定

まずは，教科等の系統性と児童生徒の学習履歴を踏まえつつ，教育課程全体との関わりの中で年間の見通しを立てることが大切である。

一例として本節の筆者の勤務校では，教科等や総合的な学習の時間の全単元（題材）を，学年ごとに A3 版一枚にまとめて表すシートを作成し，活用している[1]。シートそのものは各教科等の年間の学習や行事が見渡せる程度のシンプルなものである。これを学習指導要領解説に示されている目標及び内容の系統表等と併せて活用することにより，次のようなことが可能となる。

○　前年度までのシートを参照したり，当該年度のシートを適宜見直したりして，児童生徒の既習や学習履歴を教科横断的に把握する。

○　各単元で習得した力を教育課程全体の中で，いつ，どのように活用することができるかを見通す（習得した力の発展の道筋を探る）。

○　関連する学習が必要な時期に行われるように単元の配列を変えたり，組み合わせたりする等，教科等の学習を効果的に関連付ける。

　以上のことを踏まえて年間指導計画を作成することにより，教育課程全体の視点から各教科等の学習指導要領に示される目標及び内容を配列し，各単元の目標を設定することができる。

②　単元の構想時における目標の具体化

　単元を構想する際には，年間指導計画に基づき，児童生徒の実態を踏まえて，目標を具体化していく。児童生徒の実態によっては，年間指導計画で設定した目標を変更することもあり得る。

　その際にも，教育課程全体における単元の役割を明確にして，その目標を具体化することが大切である。

　例えば，学習指導案の「単元設定の理由」に，「本単元に関連する（小・中9年間の）学習内容の系統性」や「他教科等との関連」「学校・学年・学級の文化や取り組みとの関連」「学校教育目標との関連」等の項目を立てて，矢印や図解等で示している学校もある。

　さらに，各教科等におけるそれまでの学習とのつながりや今後の活用の見通しをここに書き入れることで，汎用性のある資質・能力の育成に向けた単元としての意味をより明確に可視化できるであろう。

（2）児童生徒が見通し，振り返ることで育成される資質・能力

　次に，視点を児童生徒に移し，児童生徒が見通しを立てたり振り返ったりすることの意味を資質・能力の育成の観点から考えたい。

　人は解決したい問題が生じているとき，見通しを立てていることが多い。解決とはどのような状況か（ゴールの見通し），解決に当たっての条件は何か（期間等の条件の見通し），条件を満たして解決するために何が使えるか（方法の見通し），出てきた結果は解決となり得るか（結果の見通し）といっ

た見通しである。そして見通しをもつことができたとき，「こうすれば解決できそうだ」「まずは〜からやってみよう」と解決に向けて動き出せる。また，見通しが立つことで自分なりの工夫の余地が生まれ，そこに一人一人の思考や判断が発揮されることとなる。

振り返りにおいても同様で，自分が解決したい問題だからこそ，解決に必要な結果が得られたのか，そのプロセスは適切だったのかどうかを振り返ることができる。

平成20年告示の学習指導要領の総則では，「児童（生徒）が学習の見通しを立てたり学習したことを振り返ったりする活動を計画的に取り入れるよう工夫すること」と示されている。その目的は，知識・技能の確実な定着や，思考力・判断力・表現力等の育成，主体的に学習に取り組む態度の形成といった，いわゆる学力の三要素の実現に資することにあった[2]。

今般，次期の学習指導要領改訂に向けて「論点整理」が示した資質・能力の三つの柱（「個別の知識・技能」「思考力・判断力・表現力等」「学びに向かう力，人間性等」）も，学力の三要素と軌を一にするものである。したがって，見通しを立てたり振り返ったりすることが効果的になされれば，資質・能力の育成につながると考えられる。ただし，形だけの見通しや振り返りでは，その趣旨は実現できない。

そこで，資質・能力の育成に向けて，見通しを立てたり振り返ったりする際に留意したい点として，以下の四点を提案したい。

① 問題意識を高め，ゴールの見通しを共有する

まずは，児童生徒の問題意識を喚起することが必要である。人が思考するのは，何らかの問題が生じ，それを解決しなければならなくなったときである[3]。したがって，身に付けさせたい力の育成に向けて設定される活動や学習課題に，児童生徒の意識が自然と向かうような教材選びや提示の仕方，発問の工夫等が必要になる。

その上で，教員と児童生徒がゴールの見通しを共有することが大切になる。ここでのゴールとは，身に付けさせたい力が実現している姿（評価規準）である。例えば，児童生徒と評価規準を共有して，活動を行う中で実現されるべき姿は何なのかということを意識させたい。

② **全体で共有すべき見通しと個々で立てる見通しとを区別する**

　身に付けさせたい力の実現状況であるゴールは共有されていることが望ましいが，その実現のプロセスは必ずしも同じ過程をたどる必要はない。ゴールが明確になっていれば，その実現に向けて工夫の余地が生まれ，そこに主体的な思考や判断が発揮されるからである。

　プロセスの見通しを立てる際は，身に付けさせたい力の実現に最低限必要な観点や条件，活動の流れ等を共有しつつ，児童生徒が行う個々の工夫を奨励し価値付けていくというスタンスで指導に当たりたい。

　また，学校によっては，単元の指導計画及び評価計画を児童生徒向けに「学びのプラン」として示している。課題解決のプロセスが長い場合は，目標に照らして自己の学びを振り返ったり，次を見通したりすることが，節目において継続して行われることになる。教科等の特性や授業のねらい，児童生徒の実態等に応じて，単元のプロセスを見通したり，振り返ったりする活動も効果的に位置付けたい。

③ **振り返り，見通す過程を重視する**

　課題の解決においては，初めから明確な見通しが立つ場合というのは存外に少なく，大まかな見通しを立てたら実際に活動を行い，振り返ることを繰り返しながら次に進むべき道筋が明確になることが多い。

　したがって，単元当初の見通しは学習の過程で次々に更新されていくものであると考えた方が自然であろう。細かいプロセスについて明確に見通しを立てることよりも，見通しに照らして自らの学習を振り返り，改善を図る中で，ゴールへの道筋を明らかにしていくことが大切である。

④ **既習事項を生かして見通しを立てることの日常化を図る**

　解決方法の見通しを立てる際，まず手掛かりになるのは，自らがすでにもつ知識・技能である。その意味で既習事項を意識的に活用して見通しを立てることを奨励したい。

　そのためには，各単元で学習した既習事項を必要に応じていつでも参照できるようにしておく等の工夫が必要である。

　例えば，各教科等の授業の中で学んだ学習内容のうち，重要な見方・考え方や言葉，観点等を，「課題解決に使えるこつ」として，そのつど，教室掲

示に加えたり，ノートの扉等に書かせたりするといった工夫が考えられる。既習事項を参照しやすい位置に可視化しておくことで，それぞれの授業で学んだ事項は別の機会にも使えるツールになるという意識を高めることができる。

また，見通しを立てる際に既習事項を参照する習慣を児童生徒に身に付けさせていくことは，既習の知識・技能を新しい文脈で活用することを日常化するということにつながる。

新しく出会う事象に対して，まずは既習事項を使って解決できないかを考えてみる。それだけで解決することが難しいと感じた場合は，他の既習事項と組み合わせたり，使い方を工夫したりする。そこには，知識・技能を活用して課題を解決するために必要な思考や判断がはたらいている。そのことにより，「論点整理」で示された資質・能力の三つの柱の一つ，「思考力・判断力・表現力等」の育成が期待できる。

同時に，既習事項だけではうまくいかなかったり解決できなかったりする体験は，解決するための知識・技能を学ぶことの必要性を意識させることにつながる。新たな知識・技能は，既習事項と関連付けられることで，体系化されながら身に付いていく。それは，資質・能力の柱の一つである「個別の知識・技能」において重視されていることである。

さらに，新しく学ぶ学習内容とそれまでに身に付けた力とのつながりを発見したり，新しく出会う事象に対して自らのもつ知識・技能の活用で解決できたりすることは，同じく資質・能力の柱の一つである「学びに向かう力，人間性等」の育成につながっていくと考えられる。

このように，日々の授業の中で既習事項を生かして見通しを立てる過程を大切にすることは，資質・能力の育成に資する手立てとなるだろう。

1　川崎市立中原小学校編『生きてはたらくことばの力を育てるカリキュラムの創造』三省堂，2009.

2　文部科学省『小学校学習指導要領解説　総則編』p.59，東洋館出版社，2008.

3　森敏昭「問題解決の過程」森敏昭・秋田喜代美編『教育心理学キーワード』pp.90-91. 有斐閣双書，2006.

7 次の成長につながる「振り返り」と「評価」
―フィードバックから次の学習へのモチベーションへ―

（1）学習評価とは

　「論点整理」では，「3. 学習評価の在り方」において，「学習評価は，学校における教育活動に関し，子供たちの学習状況を評価するものである。『子供たちにどういった力が身に付いたか』という学習の成果を的確に捉え，教員が指導の改善を図る」とある（p.19）。

　つまり，学習評価とは，児童生徒を序列化するのではなく，目標に照らして教員の学習指導，児童生徒の学習活動を通した学習の状況を評価し，学習指導，学習活動を修正したり改善したりしていく営みと言える。学習評価を通して授業改善を図り，児童生徒一人一人のよりよい成長を促すことが大切である。

　学習評価を行うに当たっては，現在（平成27年）であれば，文部科学省国立教育政策研究所「評価規準の作成，評価方法等の工夫改善のための参考資料（平成23年7月）」（以下，「評価規準の参考資料」）や，各地域の「教育課程編成の指針」などを参考に，各学校の実情，児童生徒の実態などに即して，学習評価に関する正しい理解の下，適切に行うことが大切である。

　教員として，以下に挙げる学習評価に関する事項を踏まえた評価を行うのであれば，目の前の児童生徒のよりよい成長を促し，説明責任のみならず結果責任を果たすことができるであろう。

○評価（児童生徒のよりよい成長を促す営み），評定（学習成績を付ける営み）
○（指導要録における）観点別学習状況の評価，評定，所見
○目標に準拠した評価（観点別評価，評定），個人に準拠した評価（所見）
○評価の観点，評価規準

Ⅲ　人材を育成する・人財を開発するマネジメントの在り方とは

○各観点（特に「関心・意欲・態度」と「思考・判断・表現」）におけ
　る評価
○パフォーマンス評価，ペーパーテスト（「知識」と「活用」の問題）
○指導と評価の一体化，診断的な評価・形成的な評価・総括的な評価，
　主に指導に生かす評価・指導に生かすとともに記録して総括に用いる
　評価

（2）「目標に準拠した評価」と「個人に準拠した評価」を通して

　適切な学習評価を通して，児童生徒一人一人の進歩の状況や教科の目標の
実現状況を的確に把握し，学習指導の充実と改善を図ることが大切である。
そのためには，評価の方法として「目標に準拠した評価」（以下，「目標準拠
評価」）が適当と言える。

　「目標準拠評価」は，児童生徒に身に付けさせたい学力を明確にすること
から，「論点整理」で言われている学力の三要素に対応した三つの観点（「知
識・技能」「思考・判断・表現」「主体的に学習に取り組む態度」）の評価に
おいても適している。

　ただ，「目標準拠評価」は，評価規準を実現しているかどうかを評価する
ため，児童生徒一人一人のよさや可能性，努力したことや頑張ったこと，成
長した点や改善点などを，評価し指導に生かすことには適していない。その
ため，「個人に準拠した評価」（以下，「個人内評価」）を併せて行い，個に応
じた指導を行うことが大切である。

　「目標準拠評価」と「個人内評価」の特性を踏まえ，それぞれの学習に対
して適切な方法で評価を行い，評価の妥当性と信頼性を高めるための工夫が
求められる。

（3）「指導と評価の一体化」を図る

　適切に評価を進め，児童生徒一人一人のよりよい成長を支えていくために
は，「指導と評価の一体化」を通して，授業の充実と改善を図ることが大切
である。つまり，各教科等におけるカリキュラム・マネジメントを推進する
ことが求められる。

135

評価を行う時期として，診断的な評価，形成的な評価，総括的な評価に整理できる。「指導と評価の一体化」を図る上で，その要は，形成的な評価である。形成的な評価を充実させることで，児童生徒の学力を向上させ，その向上した実現状況を，総括的な評価を通して評価する。「評価規準の参考資料」には，「主に指導に生かす評価」と「指導に生かすとともに記録して総括に用いる評価」の記載がある。授業改善のための「指導に生かす評価」は普段から行い，児童生徒の学力を向上させることが大切である。そして，「記録して総括に用いる評価」は，単元などのある程度まとまった学習の中で適切な時期に行うことである。

　以上のことから，「指導と評価の一体化」について，以下のように整理できる。

○診断的な評価，形成的な評価，総括的な評価の在り方を理解し，それらを踏まえた評価を行う。
・診断的な評価では，単元や指導計画などを見直す。
・形成的な評価では，指導の充実や改善を図る。また，その情報を児童生徒にフィードバックし，学習の改善や充実を促す。このようにして，児童生徒の学力を向上させる。
・総括的な評価では，向上した児童生徒の実現状況を，パフォーマンス評価や定期テストにおいて評価する。
○1，2学期や前期の結果を、その後の指導と学習に生かし，学年末までに児童生徒の学力を向上させる。

　このような「指導と評価の一体化」を進めるには，評価を「評価のための評価」に終わらせることなく，指導の充実と改善に生かすことによって指導の質を高めることが大切である。

（4）フィードバックから次の学習へのモチベーションへ

　「論点整理」では，「3. 学習評価の在り方」において，「子供たち自身が自らの学びを振り返って次の学びに向かうことができるようにする」とある

（p.19）。

　このためには，教員による評価だけでなく，児童生徒による振り返りを通した自己評価が大切となる。目標や評価規準など評価に関する情報を，教員と児童生徒で共有し，教員は評価を，児童生徒は自己評価を行い，指導と学習の充実と改善を図ることが大切である。

　振り返りを通して，児童生徒の自己評価力やメタ認知能力を育成することは，ひいては児童生徒の学力の向上に資することになる。ただ，児童生徒による振り返りは，学習活動であることに注意したい。そのため，児童生徒が振り返りによって記号化したもの（A，B，Cや5，4，3，2，1等）を，評定の資料とすることはあってはならない。ただし，振り返りを通して，学習に対する態度を自ら改善するような学習への取組を，「関心・意欲・態度」の評価の観点における評価と評定の資料として扱うことは考えられる。

　また，振り返りの在り方として，学習の節目で意識的に自己評価を行い，学習を自己調整しながら，目標に向けて自ら学習を進めるような振り返りが望まれる。つまり，児童生徒が，振り返りを通して自らフィードバックし，次に何をすべきなのか，次にどう改善し充実させていくのかなどを考えられるようにすることが大切である。そして，何よりも，次の学習へのモチベーションにつなげたい。そのような振り返りは，メタ認知的活動[1]であり，メタ認知的モニタリングを行い，メタ認知的コントロールを行うことに相当する。

　このような振り返りを位置付けた学習評価と学習指導を進めることで，児童生徒一人一人のよりよい成長を促したい。

1　三宮真智子「認知心理学からの学習論　―自己学習力を支えるメタ認知―」，鳴門教育大学研究紀要，第12巻，pp.1-8，1997.

8 授業改善の視点
―ビジネス社会で活用されているシンキングツールを
教材開発や指導法に生かす―

（1）シンキングツールで授業を「変える」

　変化の激しい社会に対応して，今日，自らの課題を見つけ，自ら学び，自ら考え，主体的に判断し，よりよく問題を解決する資質や能力を育てることが要請されている。それは，思考力・判断力・表現力等が求められる今日の「知識基盤社会」においても，重要な役割を果たすことになっている。

　そこで，児童生徒の指導に当たる教員が，学力の重要な要素の一つである「思考力・判断力・表現力」育成の方法を正しく理解し，その育成への確かな指導と学習活動を進めていくことが求められている。

　現在，学校では，頭の中にある情報を整理し，効率的に仕事（学習）を進め，成果につなげていくために，「ビジネス社会でも有効性が期待されている考える方法」としてのシンキングツールへの関心が高まっている。シンキングツールとは，枠や図形，矢印などのパーツを構造化することによって，思考を整理したり，新たな知見を生み出したりするものである。

　さらに，それは思考の流れを明らかにしておくことで，人に説明しやすくなる。また，思考の可視化により対象の事柄への意見が出やすく，共通理解を深めやすい。

　とは言え，ビジネスツールを教材や指導方法に活用するとなれば，教員が目の前にしている児童生徒の実態に合った，そして，活用する教員自身が取り入れやすいツールを工夫し，創造していかなければならない。

　そこで，シンキングツールを活用した授業を経験した児童生徒が，どうすれば「考えること」になるのかという理解を深めつつ，学習に意欲的な態度で臨んだり，自分自身の考えを積極的に表明したりしている実践例を紹介する。

（2）実践例

① 実践例　小学校第5学年　総合的な学習の時間[1]

〔インタビュー内容を絞り込むために，ベン図を活用する〕

　児童は発言を活発にするのだが，黒板いっぱいに書かれた板書を読み取ることに対して苦手意識をもっていた。

　担任は児童の様子を見て，児童が板書を読み取りやすく，積極的に考えることができるように，「板書を構造化して，内容を分かりやすくまとめるようにしたい」との願いをもつようになった。

　担任は「構造化するには？」という問いに，ビジネスツールを参考にしながら考え，枠や矢印などのパーツを利用することを試みながら授業づくりを試みた。担任がこの授業で取り入れたのは，「ベン図」である。

　総合的な学習の時間で，児童が近所にあった和服屋さんに興味・関心をもち，「身近に和服を着ている人がいないのに，なぜ和服屋さんがあるのか」という「問い」を立て，和服に関係する「いつも和服を着ている人（Aさん）」「和服屋さん（Bさん）」「和服は持っているがたんすにしまったままにしている人（Cさん）」の三者にインタビューをすることになった。

　児童から質問したいことがたくさん出たが，インタビューの時間には制限があるので，内容を絞らなければならなかった。そこで「三者からいろいろな答えをもらえるような質問に絞ろう」と，質問を整理するのに右図のようなベン図を活用した。

　児童たちがベン図にインタビュー内容を当てはめていく作業を通して，その作業と児童の考えようとする意欲とがマッチングしたので，児童同士が合意形成をしながら，自分たちの問いの解決に導いてくれるインタビューの内容が円滑に整理されていった。

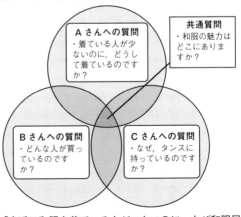

「身近に和服を着ている人がいないのに，なぜ和服屋さんがあるのか」インタビュー内容検討（ベン図）

② 実践例2　小学校第6学年　総合的な学習の時間[2]

〔親和図法から座標軸を用いて，改善点を考える〕

　児童は，地域と関わる学習をさらに深めようと，ボディーパーカッションの演奏を創り，「地域のいろいろな場所に行ってたくさんの人に見てもらいたい」「一緒に楽しんでほしい」という願いをもち，活動を始めた。

　地域での一回目の演奏活動を終えた後，「恥ずかしがっていた自分たち」「本当に楽しんでもらおうとしていなかった自分たち」に気付いた。また，演奏を聴いていた一人の女の子が踊りながら楽しそうに聴いていたことに気付き，クラス全員が「あんなふうに，体を動かしたり，踊ったりしながら演奏を聴いてほしい」という願いをもった。

　担任は，「一方的に発表するのではなく，音楽を通して地域の様々な人と関わり，お互いに喜びや元気を与え合える関係が築けるのだという実感をもち，行動できる児童に育っていってほしい」との願いをもっていた。児童たちと担任の願いがボトムアップされて，「聴いている人が参加できてのれる演奏をつくり上げよう」という小単元目標が再設定された。

　児童は，次の活動に向かうために，地域での一回目の演奏の振り返りを行うことにした。地域での一回目の演奏への意見が書かれた付箋を「親和図法」でまとめ，それを＋（肯定的な意見）と－（否定的な意見），多（数多い意見）と少（数少ない意見）を位置付けた「座標軸」のシートに貼り付けた。その全体や部分を眺めながら，児童自身で「分かったこと」「のばしたいよさ」の改善策をまとめ上げた。それに具体的取組が付け加えられ，次の活動目標を明確にすることができた。

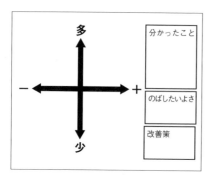
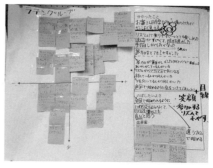

③ 実践例3　中学校第3学年　保健体育　球技（ゴール型）[3]
〔「考えること」へ志向させるワークシートの開発〕
　これまでも保健体育では，学習を記録するノートやワークシートが授業に利用されていた。教科担任は，単なる球技を行うことが「楽しさ」や「おもしろさ」にとどまらず，生徒自身が考えること，考えたことを実践してみること，さらに自己を評価することにも「楽しさ」や「おもしろさ」を見いだすことができるようにしたいとの願いをもち，このシートを開発した。
　生徒が自分のチーム能力，相手チームの能力を把握し，それを生かして課題を設定し，課題解決に向けての練習をしたり，ゲームをしたりする「楽しさ」や「おもしろさ」を得ようとすること，そして「思考力・判断力・表現力」をフル稼働させることができるよう工夫した。
　具体的には，シートを一枚にまとめ，生徒自身が学習プロセスを一目瞭然にして分かりやすくしたり，授業の見通しや振り返りを簡単にできるようにシートの枠や矢印などパーツの配置を工夫したりした。
　球技を苦手としている生徒でも，自分のできることとできないこと，そこから派生するゲームに参加する上での課題の発掘，そして課題解決に向けた練習を工夫することを意識でき，自分のミッションの明確化から参加への意欲の向上を図ることができた。
　ゲームに参加する前に，自分のミッションに目を向けさせる（目的設定）ことは，参加への意欲行動とともに，「考えること」に「楽しさ」と「おもしろさ」を感じること，そして学習意欲の持続にもつながった。また，このシートへの記入の作業は，ゲームの分析力を高めることにもなった。

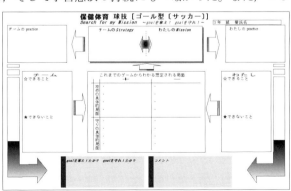

④　実践例4　中学校第3学年　保健体育　器械運動[4]

〔生徒自身が課題解決に向けての思考ツールを創る〕

　第3学年　器械運動では，思考・判断に関する指導内容として，「これまで学習した知識や技能を活用して，自己の課題に応じた運動の取り組み方を工夫することができるようにする」[5]とされている。

　このシートには，自分の技能レベルの現状把握，何ができているのか〔自分の状態〕，次に身に付けたい力は何か〔なりたい自分〕，そして〔なりたい自分〕を実現するために克服すべき課題はなにか〔分析・課題設定〕，その課題を解決するために必要な練習やその工夫〔解決への見通しや計画〕についてまとめていく。授業の最後には，学習活動の結果〔学習成果・振り返り〕を記述できるようにする。そのまとめ方は，「～できる」「～したい」と書かれた二つの丸形の枠や，矢印や吹き出し等のパーツを，一枚の紙に自分で構造化し，全ての情報をまとめ，「一目瞭然」にすることをポイントにしている。

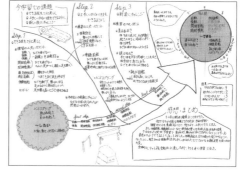

　それは，自分の思考の可視化とともに，振り返りをしやすくするためである。

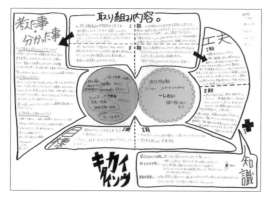

　一枚にまとめることで，新たな課題が発生しても，これまでの学習で獲得した知識や技能の振り返りや，考えと比較・分類したり関連付けたりしやすくなり，その課題の解決に向かいやすくなった。

（3）おわりに―実社会・実生活へ授業をつなげる―

　ここでは，ビジネス社会で活用されているツールを教材開発・指導法に生かしている事例として，「総合的な学習の時間（小学校）」と「保健体育科（中学校）」の4実践例を挙げた。

　日本は，「（中略）きわめて多くの複合的な問題に直面している。これらの問題は，一部専門家があらかじめ有する「正解」を適用するだけで解決することができるものではない。問題を共有する者が知識やアイデアを出し合って，不完全にせよ解を出して実行し，結果を見ながら解とゴールを見直すことが求められていると言える」[6] とされている。

　一方，学校教育への期待として，「学校を離れた社会全体に目を向けてみると，知識基盤型社会化・グローバル化などの社会変化，フリーター・パラサイトシングル・ネットカフェ難民など新しい青少年問題，『失われた10年』による企業での即戦力に対する需要の高まりなどを背景に，基礎学力や専門知識はもちろん，コミュニケーション力，課題解決力，論理的思考力，創造力など，学校を離れ社会生活や職業生活を営んでいく上で必要とされる『力』の育成の重要性が各方面から指摘されている」[7] とされている。

　児童生徒の思考によって導き出された課題解決の方法と，解決への見通しをもって実践できる場，その成果についての振り返り，そして，主体的に発表（発信）できることが，現在，授業展開の大切なポイントとなっている。

　これからも学校は，様々な教科・領域において課題発見・解決能力，論理的な思考力，コミュニケーション能力等，これからの時代に求められる資質・能力の育成の重要な機会として期待されていることをしっかりと受け止め，その要請に応えて，教材開発や指導方法を工夫し，創造していきたい。

1　横浜市立大岡小学校教諭　鈴木暁範の実践
2　同上
3　元横浜国立大学教育人間科学部附属横浜中学校教諭　末岡洋一の実践
4　同上
5　文部科学省『中学校学習指導要領解説　保健体育編』p.56，東山書房，2008.
6　「社会の変化に対応する資質や能力を育成する教育課程編成の基本原理」p.9，平成25年3月.
7　「今，求められる力を高める総合的な学習の時間の展開」p.4，平成22年11月.

IV
教育は未来を創る

1 学校教育目標の実現のために
―学校経営方針のグランドデザイン化―

（1）はじめに

　今，将来の変化を予測することが困難な時代である。そのような時代に生きる子供たちの育成のために，「論点整理」では，「新しい時代にふさわしい学校の在り方を求め，新たな学校文化を形成していく必要がある」（p.1）と記述している。各学校においては，新しい時代にふさわしい学校の在り方や，新たな学校文化を形成する際のよりどころとなるのが，学校経営方針である。

　学校経営方針とは，学校教育目標を実現していくための筋道であり，子供たちの実態や時代の要請，地域の特性等を踏まえて，各学校がそれぞれ設定する育成すべき子供たちの姿や，育成のための方針が書かれている。そして多くの場合，毎年，年度初めの会議で，校長が全教職員に発表する。

　しかし，これほど重要な学校経営方針であっても，多忙な業務の中で，何度もそれを読み返したり，日常的に内容を意識していたりする教職員は，決して多いとは言えない。

　「論点整理」では，「各学校が設定する教育目標を実現するために，学習指導要領等に基づきどのような教育課程を編成し，どのようにそれを実施・評価し改善していくのかという『カリキュラム・マネジメント』の確立」が求められ（p.22），さらに「校長又は園長のリーダーシップのもと，『カリキュラム・マネジメント』を核に学校の組織運営を改善・強化していくこと」が重要であるとしている（p.25）。

　そこで，教職員がいつでも学校経営方針を意識するための方策として注目されるのが，学校経営方針のグランドデザイン化である。

　ところで，一般に「グランドデザイン」と言うとき，短期・中期的な大規模事業計画を意味することが多い。例えば，田中角栄元首相の「日本列島改造論」，また，地方公共団体の教育大綱が，各地域のグランドデザインと言

IV　教育は未来を創る

うことができる。

　学校のグランドデザイン（以下，「グランドデザイン」）は，多くは一年間の計画であり，A4版一枚に示した全体構造図として示される。すでに様々なグランドデザインが学校のウェブサイトに公開されているが，それらを見ると，各学校が学校教育目標の実現のために何をしようとしているのか，何を中心に学校経営をしようとしているのか，一目で分かるものとなっている。

（2）　グランドデザインの構成

　平成19年の神奈川県立総合教育センター「小・中学校の教員のためのより良い学校づくりガイドブック」（後述，「学校づくりガイドブック」）では，「学校のグランドデザインの構成内容として考えられるもの」として，

○社会の要請　　○教育界の動向　　○保護者や地域の方々の願い
○児童・生徒の実態　　○学校の使命　　○学校が掲げる教育理念
○学校教育目標　　○学校経営の方針　　○学校の目指す学校像
○はぐくみたい児童・生徒像　　○前年度の学校評価
○今年度の重点目標　　○教育課程　　○具体的取組
○特色ある教育活動　　○学習環境の整備　　○教員研修
○指導体制　　○保護者や地域の方々の活動参加 等

を記載している[1]。

　あくまでこれらは，「考えられるもの」であり，学校教育目標等，いくつかの必ず記載しなければならない構成内容を除けば，必要に応じて選択，あるいは新規に追加することが必要となる。

（3）　グランドデザインの作成

　企業に「設立趣旨」とか「社是」「社訓」というものがある。今，様々な企業がこれらを，「ビジョン」「ミッション」「バリュー」という形式で説明している。例えば，ホテル経営で著名なHILTON WORLDWIDE の場合，

147

当社のビジョン

地球という星をおもてなしの心で温かく照らし続けます。

当社のミッション

卓越した世界規模のホテル企業であること，すなわちお客様やスタッフ，オーナーの方々に一番に選んでいただけるホテルになることです。

当社のバリュー

Hospitality（おもてなし）お客様に卓越した体験をお届けすることに全力を尽くします。

Integrity（一貫性）常に正しいことを行います。

Leadership（リーダーシップ）業界およびコミュニティのリーダーとなります。

Teamwork（チームワーク）全ての事にチームの一員として行動します。

Ownership（責任感）責任のある行動や決断を行います。

Now（現在）迅速性と規律を忘れずに運営します。

となっている[2]。

　学校がグランドデザインを作成するに当たり，それぞれの構成内容の背景や筋道を明らかにするために，本節では，この「ビジョン」「ミッション」「バリュー」という形式を基に考えてみたい。

① 「ビジョン」を考える

　学校の「ビジョン」と言ったとき，思い浮かぶのは，やはり学校教育目標である。また，前述のホテルの例に倣い，「ビジョン」を将来や社会のあるべき姿という大きなスケールで考えることもできる。したがって「ビジョン」は，教育基本法，学校教育法や学習指導要領，各都道府県や市区町村の大綱や，学校教育目標等，目指すべき児童生徒像となる。

② 「ミッション」を考える

　前述のように「ビジョン」を捉えるならば，「ミッション」は，学校の重点目標，学校経営上のスローガン，方針，様々な取組の目標や内容となる。

　例えば，次のような視点が考えられる。

○学校教育の両輪と言われてきた，学習指導と生徒指導という視点

○学校教育目標の文言から，それぞれの要素を達成する視点

○主幹教諭を中心とした校務分掌上におけるグループごとの視点

○「知・徳・体」という視点

○「基礎的な知識及び技能」「思考力・判断力・表現力その他の能力」「主体的に学習に取り組む態度」という視点

○資質・能力の柱，「個別の知識・技能の育成」「思考力・判断力・表現力等の育成」「学びに向かう力，人間性等の育成」という視点（「論点整理」pp.10-11）等

　このような視点が指導の柱として何本必要であるかは，各学校が判断する。その上で，視点ごとの内容を検討する。

　さらに，具体的活動を記載することもある。

③　「バリュー」を考える

　「バリュー」は，「ビジョン」の実現のために「ミッション」に取り組むチームとしての学校の姿，教職員の行動理念が示される。つまり，教職員としてどのような姿勢で児童生徒の教育に携わるのかということが表現される。具体的には，学校経営に全教職員が関わる意識や，同僚性，授業技術の向上や継承，研究と修養，人材育成，学校事故防止等の項目となる。

　また，各種アンケートから設定した数値目標を記載することもある。

④　その他に考えられる内容項目

　まず，グランドデザインの時間軸上の位置付けに関する記載が考えられる。研究の推進や生徒指導上の課題，学力向上，または達成するべき数値目標等の短期・中期的な計画がある場合，今年度のグランドデザインが，取組の時間軸上のどういう位置付けなのかを示していなければ，教職員は見通しをもって取り組むことができない。例えば，不登校の児童生徒を半減させるという数値目標があるのならば，今年度はどれだけ減少するのかという目標を明記する。

　学期ごとに重点目標を設定するという学校もあるだろう。

また，時間軸の記載以外にも，児童生徒や地域の状況，学校評価の状況，保護者の願い，教育界の動向や社会の要請等を必要に応じて記載する。

（4）誰が作成するのか

　学校経営方針は，校長が作成するものである。しかし，現在，全ての教職員が学校経営に関わり，様々な場面で組織的な対応が求められている。それは人材育成の側面からも重要な視点となっている。このことから，校長のリーダーシップの下，教職員全員がチームとして，何らかの形でグランドデザイン作成に関わるということが必要である。

　例えば，「ビジョン」は管理職と主幹教諭が担当し，「ミッション」の具体の取組は主幹教諭を中心とするグループの教職員が担当するなど，それぞれの教職員が，担当する校務分掌の内容について作成に関与することが考えられる。もちろん，最終的な決裁は，校長が行う。

（5）作成時期

　新年度の開始時にグランドデザインを提示するためには，前記のような作業は，できれば前年度内に実施したい。しかし，それぞれの学校のタイムスケジュールは異なっている。したがって，主幹教諭を中心としたグループごとに視点を設定する場合は，校務分掌が決定した後に作成することになるか，その検討と同時並行で進められることになるだろう。少なくとも次年度の年間計画を立てる時期から作業を始めることが望ましい。

　また，PDCAサイクルは，年間に一度限りではなく，教育活動の展開の状況によって何度も繰り返すものである。このことから，年度内に学校経営方針の一部を見直すということがあるかもしれない。当然，そのとき，グランドデザインを修正することもあり得る。

　つまり，グランドデザインは固定的なものでなく，いつでも修正可能なものであると考えることが必要である。

（6）グランドデザインの活用

　グランドデザイン作成の第一義は，全教職員が学校教育目標の実現に向け

て学校運営に関わるということである。一目で全体像を捉えることができるグランドデザインの特性を生かし，職員室の出入り口，学年黒板や校内の掲示板等，日常的に教職員の目に付く場所に掲示することが必要である。

また，対外的には，学校要覧への掲載は欠かせない。

「論点整理」では，「社会に開かれた教育課程」として，次の点が重要であると記述されている（pp.3-4）。

① 社会や世界の状況を幅広く視野に入れ，よりよい学校教育を通じてよりよい社会を創るという目標を持ち，教育課程を介してその目標を社会と共有していくこと。

（中略）

③ 教育課程の実施に当たって，地域の人的・物的資源を活用したり，放課後や土曜日等を活用した社会教育との連携を図ったりし，学校教育を学校内に閉じずに，その目指すところを社会と共有・連携しながら実現させること。

さらに「教育課程の実施をはじめとした学校運営を，『コミュニティ・スクール』や様々な地域人材との連携等を通じて地域で支えていくことなどについても，積極的に進めていくことが重要である」としている（p.25）。

したがって，保護者，学校評議員，町内会・自治会長，地域等へ，グランドデザインを積極的に提示し，共有することが大切である。

例えば，児童生徒が職場体験を行う際，グランドデザインを体験先の事業所等に提示することによって，実施しようとしている活動が学校教育目標とどう関連し，キャリア教育の系統的な諸指導の中で，この活動がどのような位置付けになっているのか，そして，どのような児童生徒の育成を目指すものなのかを説明することができる。事業所としては，学校がどんなことを学ばせたいのかを理解し，児童生徒への対応の仕方が明確になる。結果的に，児童生徒のよりよい学びが期待できる。

また，近隣の異校種，同校種間でのグランドデザインの交換は，小中一貫に向けた指導方針や具体的な取組の接続の検討，課題の発見にも役立つことになる。

（7）グランドデザインの可能性

グランドデザインと学校経営方針の関係は，下図のようになっている。

つまり，学校経営方針を焦点化し，より簡潔な内容に絞り込んで示したものがグランドデザインである。

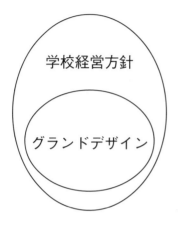

確かに，グランドデザインには，各取組と学校教育目標やその他の取組との関連が瞬時に分かるという利点がある。しかし，A4版一枚で表していることを考えると，記載する文字数は制限せざるを得ない。

したがって，教職員が協働してグランドデザインを作成する場合でも，協議の中で教職員から発せられる様々な願いは，それらを全て盛り込むのではなく，簡潔な表現や内容として反映させたい。

そのことによって，これまでの学校経営方針によって示されてきた内容を，より重点化することができ，同時に，全ての教職員が，自校のグランドデザインを基に，学校経営方針を理解することができる。

例えば，先の職場体験を行う例で考えた場合，グランドデザインを基に，事業所に活動の趣旨を説明する教員は，活動そのものの趣旨のみならず，キャリア教育上の位置付けや学校教育目標との関連というように，学校経営方針の全体像を理解して説明することになるのである。

（8）おわりに

「学校づくりガイドブック」では，グランドデザインは，カリキュラム・マネジメントを展開するための地図となる重要な計画であると記されている（p.10）。グランドデザインを作成することによって，目的地がはっきりし，道筋にどんな資源があるのか，どのように進んでいったらいいのかも明らかになる。さらに，チームとしての学校づくりの重要な鍵となり，児童生徒を育むための，保護者や地域と学校をつなぐ架け橋ともなり得る。

Ⅳ　教育は未来を創る

　　ただし，どんなに素晴らしいグランドデザインを作成したとしても，どのように活用するのか，結果的には，教職員の意識と取組そのものが問われるのである。

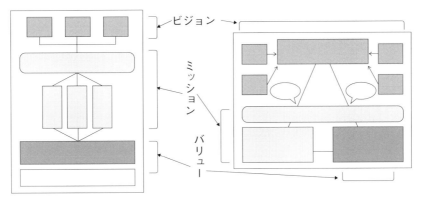

「ビジョン」「ミッション」「バリュー」と構成内容の配置例

1　神奈川県立総合教育センター「小・中学校の教員のためのより良い学校づくりガイドブック～カリキュラム・マネジメントの推進～」p.13, 2007.
2　HILTON WORLDWIDE ウェブサイト　http://ja.hiltonworldwide.com/about/mission/, 2015.11.28 取得.

2 学校全体で取り組む カリキュラム・マネジメント

（1）「カリキュラム・マネジメント」の確立

　「道徳教育＝道徳の時間（授業）」「キャリア教育＝進路指導や職業体験」（学習指導要領上は「職場体験」）「食育＝給食（食事）指導」「防災教育＝避難訓練とその関連指導」……。

　以上のような"等式"を示されたときに，正しく違和感を覚えることのできる学校関係者は果たしてどのくらいいるだろうか。例えば，自校の職員やそれぞれの業務を所掌する担当者についてはどうだろうか。

　学校教育に求められる教育課題を総括的かつ象徴的に示すための手立てとして，「〇〇（教）育」のように"個々の内容や課題＋（教）育"という示し方が教育行政等により行われてきた。道徳教育や情報教育，キャリア教育，食育のように学習指導要領上にそのままの文言で位置付けられるようになったものもあれば，防災教育等のようにその時々の社会情勢や地域等の特性に応じて位置付けられたものまで様々である。こうして示された教育内容や課題の提示と，それに付随する指示を受けて学校はそのつど，対応し教育活動に反映させることを求められてきた。

（2）教科横断的な視点と組織的な配列

　学習指導要領上，学校教育全体を通じて行うことが特に強調されている道徳教育はもとより，「〇〇（教）育」として掲げられるものの多くはその性格上，各教科等の枠組みを超えて総合的に扱われるべきものである場合が多い。しかしながらその趣旨や本来の意味が十分に浸透せず，個別の課題としての扱いに終始しているケースが多く見受けられる。また，一部の象徴的な語句や概念が一人歩きするケースも少なくない。冒頭で示した"等式"の数々は，様々な要因によって狭義に捉えられたり固定化されてしまった例である。

IV　教育は未来を創る

　これら個別の教育内容や課題は校務分掌によって割り当てられた教員が担当することになる。各々の担当者が所掌する事項の内容や設定趣旨を正しく理解するとともに，学校教育目標や教育課程全体の中での位置付けを十分に意識することがこれまでも求められてきたが，課題の残るところである。

　「論点整理」では，このような現状を克服するための「カリキュラム・マネジメント」の確立を求めている。

　併せて「カリキュラム・マネジメント」の三つの側面のうちの一つとして，「① 各教科等の教育内容を相互の関係で捉え，学校の教育目標を踏まえた教科横断的な視点で，その目標の達成に必要な教育の内容を組織的に配列していくこと」（p.22）を示している。冒頭で示したような，教科等の枠組を超えて総合的に指導するべき事項の扱いに関わる課題の克服の過程と，ここで示された新たな課題の解決は，必要とされる手立てにおいて符合する側面が多い。同じく「論点整理」において「各教科等で育まれた力を，当該教科における文脈以外の，実社会の様々な場面で活用できる汎用的な能力に更に育てていくためには，総体的観点からの教育課程の構造上の工夫が必要」（p.15）とし「特に 特別活動や総合的な学習の時間の実施に当たっては，どのような資質・能力を育むかを明確にすることが不可欠。」（p.23）であることを取り分けて示していることからも，このことが分かる。

（3）相互の関連付けや横断を図る手立て

　「教科横断的な視点からの教育活動の改善」と併せて「教科等や学年を越えた組織運営の改善」を進めるための手立てとして，「管理職のみならず全ての教職員がその必要性を理解し，日々の授業等についても，教育課程全体の中での位置付けを意識しながら取り組む必要がある」（p.23）ことを示している。

　トップダウンのみによることなく，ミドルアップダウン，ボトムアップによる学校経営の重要性についてはこれまでも提唱されてきたが，「論点整理」ではこの課題についてより具体的な視点を示したことになる。これを具体化するための方策として「管理職のみならず，全ての教職員が責任を持ち，そのために必要な力を，教員一人一人が身に付けられるようにしていくことが

155

必要」であり，併せて「効果的な年間指導計画等の在り方や，授業時間や週時程の在り方等について，校内研修等を通じて研究を重ねていくことも考えられる」（p.23）としている。

（4）「アクティブ・ラーニング」との連動

　多忙をきわめる学校の教育活動の中でこの課題を克服していくのは容易なことではない。改めて研修機会を設けることと併せて，日々の教育実践の中でそれを検証し改善を加えるような手立てが現実的である。「論点整理」が示している「「アクティブ・ラーニング」と「カリキュラム・マネジメント」を連動させた学校経営の展開」」（p.23）は，この点において示唆を与えている。これまでにも「読解力」や「言語活動の充実」等，教科の枠組みを超えた研究課題をテーマとした研究推進が各校で行われてきた。これらを改めて価値付けることと併せて，新たな視点を加えた授業研究とそれを主軸に据えた研究推進が求められる。

（5）指導計画の作成上の工夫

　全ての教職員が日々の授業等の教育課程全体の中での位置付けを意識しながら，教育実践に取り組むことを実現させるための手立ての一つとして，教科等の全体計画や年間指導計画を一体化して作成，運用し，教育課程全体と各教科等の内容を往還させる営みを意識化することが考えられる。

　右に示したのはある中核市にある中学校が作成している道徳，総合的な学習の時間，キャリア教育の全体計画である。それぞれに異なるフォーマットによりまとめられているが，それぞれに共通する項目が設けられているほか，身に付けさせるべき資質・能力に関わる記載内容において共通するものも多く見受けられる。またそれぞれの担当者が個別に作成しているため，相互の関連付けが十分にないケースや，作成することが目的化してしまっている傾向も見受けられる。

　これらを教科指導に関わる内容と併せて一体化してまとめることにより，相互の関係を俯瞰しやすくなる。印刷媒体での作成に限界があれば，コピー＆ペーストや抽出，ソート，リンク等の機能を活用できるデジタル媒体での

IV 教育は未来を創る

作成と管理，活用も考えられる。

　この種の全体計画は，管轄する市町村の教育委員会がフォーマットを指定したり例示したりして作成，提出を求めている場合も多い。「論点整理」を反映した次期学習指導要領の下では，その趣旨を十分に踏まえた作成と管理，活用をしやすい全体計画や指導計画の在り方を，指導的な立場にある教育委員会の担当指導主事が相互に連携しながら率先して研究・指導していく必要があるだろう。

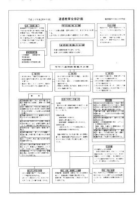  

●これまで個別に作成していたものを，一体化を前提として作成し，相互の関連を俯瞰できるようにする。

●作成することを目的化せず，活用する局面に応じた必要箇所の抽出や並べ替え，リンクができるように，デジタル媒体（表計算ソフトウェア等）で作成，管理する。

全体計画・指導計画等の一体化例

3 | 教育における ICT の可能性

（1）日本では，なぜ ICT 活用が進まないのか

　平成 26 年度「青少年のインターネット利用環境実態調査」（内閣府）によると，満 10 〜満 17 歳までの青少年の 76% がスマートフォン，パソコン，携帯ゲーム機等でインターネットに接続している。学校種が上がるとともに長時間になる傾向が見られ，高校生では，6 割以上がスマートフォンを通じて 2 時間以上インターネットを利用しており，平均時間は約 155 分となっている。

　日常生活における ICT 活用は当たり前になっており，むしろインターネット依存が懸念されている状況にもかかわらず，授業での ICT 活用は，一向に進んでいない。OECD（2015）[1] によると PISA2012 の調査において，日本の学校における生徒の ICT 活用の頻度は，9 項目中 5 項目（グループワークやコミュニケーション，個別の宿題，デジタル教材の送受信，チャット，英語や数学のドリル教材）で最低であり，全ての項目で週に 1 回以上活用している生徒の割合は，10 ％以下となっている。デンマーク，ノルウェー，オーストラリアなど，ICT 活用の頻度が高い国においては，グループワークやコミュニケーション，個別の宿題，チャットに加え，インターネットや電子メールの利用，Web を利用した課題の提出等においても，週に 1 回以上活用している生徒の割合は 50% を超えている。そもそも，世界では，教師の ICT 活用は調査対象にもなっておらず，指導における ICT 活用は大前提となっている。

　「学校における教育の情報化の実態等に関する調査（文部科学省）」の結果をみれば明らかなように，ICT 環境整備の遅れが一因である。しかしながら，より大きな要因として，ICT 活用の指向性の問題がある。Nancy ら（2008）[2] は，数学と理科の教師を対象に，ICT を利用した授業実践の指向性について 22 の国，地域の調査結果を比較している。その結果，ICT 利用実

践においては，協同的，探究的な学習活動や学校外の仲間や専門家と学ぶことなどの「21世紀の方向付け」への指向性が高い傾向がみられた。しかしながら，日本ではICT利用の指向性は全体的に低く，他国と異なり，学習者の主体的な学びにおいてICTを活用するという意識が低い傾向が認められている。

(2) 諸外国のICT活用の状況

　先に述べたICT活用の頻度が高い国では，どのような授業が行われているのであろうか。

　筆者が2015年3月に訪問した英国，フィンランドの学校でもICTの活用が日常化していることを確認することができた。まず，ほぼ全ての教室で，教師が何らかの情報を実物投影機や電子黒板等で拡大提示していた。それらは，写真や教科書の図，ウェブページ等であった。英国の小学校では，理科の学習において，植物の一生について学んだ後，ペアで植物のサイクルを図式化したものをコンピュータで作成し，完成したファイルをメールに添付して提出するという活動が行われていた。別の学校では，社会科の授業で，スペイン無敵艦隊の航路を世界地図上でシミュレーションするプログラムを作成していた。フィンランドの学校では，教師がウェブ上においた物理の光の実験方法を生徒が個人持ちのスマートフォンで閲覧しながら，グループで実験を行っていた。別の学校では，算数の授業で，教師が125ユーロの1%を計算する方法をデジタル教科書で説明し，各自が教科書の問題を終えた後，タブレット端末で様々な練習問題を行っていた。

　このようなICT活用が，おそらくどこの学校でも日常的に行われているのである。日本では，理科の授業で図をコンピュータで描くことはほとんど行われていない，ましてや小学生がメールにファイルを添付して教師に送る，などということは考えられないだろう。生徒が個人持ちのスマートフォンで教材にアクセスすることも，日本では考えにくい。諸外国におけるICT活用の「21世紀の方向付け」への指向性も，実はこのレベルの活用を指しており，この違いがICT活用の頻度の差となって表れていると考えられる。

（3）操作スキルと情報モラルの課題

　教師が指定した URL にアクセスしたり，コンピュータで図を描いたり，メールにファイルを添付して送ったりするスキルが身に付いていないと，教科の学習において ICT を活用することが教科の目標達成に影響を及ぼす可能性がある。実際に，日本の授業においてもタブレット端末やソフトウェアの操作に手間取って，教科の学習が成立していない場合も見受けられる。

　小学校学習指導要領（総則）の指導計画の作成等に当たって配慮すべき事項には，以下の記述がある。

> （9）各教科等の指導に当たっては，児童がコンピュータや情報通信ネットワークなどの情報手段に慣れ親しみ，コンピュータで文字を入力するなどの基本的な操作や情報モラルを身に付け，適切に活用できるようにするための学習活動を充実するとともに，これらの情報手段に加え視聴覚教材や教育機器などの教材・教具の適切な活用を図ること。

　つまり，各教科等の指導において，「基本的な操作や情報モラルを身に付け，適切に活用できるようにするための学習活動を充実する」ことが求められているのであるが，教科の目標を達成しつつ，基本的な操作を身に付けさせるのは容易ではない。情報モラルについても，身に付けさせてからでないとインターネットへの接続や情報端末を学習活動で活用することは認められない，ということになると，いつまで経っても実現するのは難しい。

　英国では，小学校から ICT（現在は Computing）という必修教科があるため，情報機器の操作スキルや情報モラルの学習を体系的に行うことが可能である。しかし，実際には教科とのクロスカリキュラムで実践されてきた部分も多いようである。また，情報モラルについては，児童生徒の判断力を実践的に育成するための工夫も見られる。例えば，多くの学校では，有害情報等へのアクセスをフィルタリングによって行っているが，ある学校ではフィルタリングの仕組みを用いて，モニタリングを行っている。フィルタリングされているサイトへのアクセスは可能であるが，アクセスすると同時に，誰が，いつ，どのサイトにアクセスしたかが教師に通知され，それに基づいて

指導が行われるのである。こうなると，検索後にリストアップされたウェブサイトにアクセスするときに，そのサイトが適切なサイトであるかどうかを毎回判断する必要が生じる。フィルタリングによって，不適切なウェブサイトにアクセスしても「アクセスが許可されていません」という表示が出るだけでは，判断や自制する機会が失われてしまうと考えているのである。

　日本においても今後は，活用しながら情報機器の基本操作や情報モラルを身に付けることができるカリキュラムの工夫やシステムの活用が不可欠であろう。このことは，国立教育政策研究所の「21世紀型能力」の基礎力に関する記述においても，指摘されている。

> 基礎力は，言語，数量，情報（デジタル，絵，形，音など）を扱うスキルから構成され，道具としてのリテラシーを意味する。我々は，道具として言語，数量，情報や身体を使って，周囲の世界を認識したり，メッセージに表現したりする。生活世界で生じる事象を把握したり，自分の思いや考えを効果的に表現したりできるようになるためには，これらの道具を思いのままに使いこなす経験が繰り返し求められる。未知の世界と出会い自分の思いや考えをより良く表現できるようになるためにも，心身を働かせて，ICTを含めた様々な道具を効果的に操作・活用できる基礎力の育成が課題となる。

（4）ICTの可能性を拓くために

　「論点整理」によれば，問題発見・解決のプロセスの中で，以下のような思考・判断・表現を行うことができることが重要であると書かれている（p.11 下線は筆者）。

・問題発見・解決に必要な情報を収集・蓄積するとともに，既存の知識に加え，必要となる新たな知識・技能を獲得し，知識・技能を適切に組み合わせて，それらを活用しながら問題を解決していくために必要となる思考。
・必要な情報を選択し，解決の方向性や方法を比較・選択し，結論を決定

していくために必要な判断や意思決定。

・伝える相手や状況に応じた表現。

　グローバル化，情報化，技術革新等といった変化に対応するためには，下線を引いた活動において ICT を活用することは不可欠であろう。特に，問題解決のための情報の収集・蓄積・整理等において，デジタル化された情報を効率的に処理することは，調べたことを基に，情報や知識をまとめて新しい考えを生み出すための前提条件となる。

　そのためには，情報機器の操作スキルや情報モラルに加え，情報検索やインターネット上の多様な情報コミュニケーションサービスの仕組みなど，情報の科学的な理解についても学ぶことが必要となる。21 世紀を生き抜くための資質・能力に，これらを含む『情報活用能力』を適切に位置付け，発達段階に応じた情報活用に関する学習活動の充実を図ることが重要であろう。

　日本の教育の情報化は，PISA2012 の結果からも明らかなように，教科指導における ICT 活用も情報活用能力の育成を図る情報教育も浸透しているとは言いがたい。学校や教室の ICT 環境整備において，地域格差が生じていることも大きな課題である。諸外国では，普通教室の ICT 環境整備に加え，コンテンツの整備，教員研修等の情報化施策を 5 年，10 年と講じることによって各教科での ICT 活用の普及，日常化を実現してきた。筆者らは，諸外国のモデルを参考に英国の教育の情報化プロセスを分析し，日本型の普及プロセスモデルを提案した（野中ら，2013）[3]。このモデルにおいて重要なポイントは，ICT 活用の普及・定着の初期段階においては，教師に負担をかけない十分な ICT 環境整備による教室環境への統合と，授業スタイルを変えずに ICT を活用する授業への統合の段階（これらをモディフィケーション過程と呼ぶ）を踏む必要がある，ということである。残念ながら授業改革と ICT 活用を同時に実現することは難しい。しかしながら，十分な ICT 環境整備を行えば，日本の優秀な教師は半年程度で授業への統合を実現できることを経験的ではあるが確認している。現在，多くの自治体がタブレット端末等を導入することによって，学習者の主体的な学びを実現しようと試みているが，教室環境，授業への統合の段階を踏んでいることがイノベーション

Ⅳ　教育は未来を創る

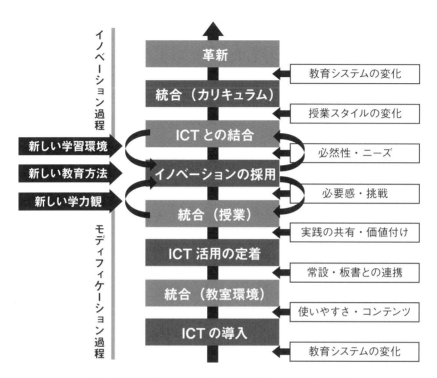

図　日本の情報化の普及プロセスモデル（野中ら，2013）

の実現には不可欠である。そして，これまでの指導のための ICT 環境整備から，学ぶための ICT 環境，さらには学校外やインターネットを含む学習環境の構築が必要となるだろう。これらの環境とカリキュラムの統合によって，初めて ICT による授業の革新が実現するのである。

1　OECD,Students, Computers and Learning:Making the Connection, PISA, OECD Publishing,2015.
　　http://dx.doi.org/10.1787/9789264239555-en
2　Nancy Law, Willem J. Pelgrum, Tjeerd Plomp (Ed.), Pedagogy and ICT Use in Schools around the World:Findings from the IEA SITES 2006 Study, Springer,2008.
3　近藤勲，黒上晴夫，堀田龍也，野中陽一『教育工学選書 7 教育メディアの開発と活用』日本教育工学会監修，ミネルヴァ書房，2015.

4 ICT を活用した教育の実際

（1）はじめに

　「情報化は手段であって目的ではない。 しかし，21 世紀の学びにとって不可欠な手段である。」[1] ICT を活用した教育を推進することが求められていることを端的に表現した言葉であろう。

　21 世紀は知識基盤社会の時代と言われ，急速な情報化やグローバル化の進展に伴う社会の変化に対応できる力を身に付けることが学校教育における喫緊の課題である。ICT の特長を的確に捉え，各教科等において効果的に ICT を活用することは，子供たちの主体的・協働的な学び（いわゆる「アクティブ・ラーニング」）を促進し，確かな学力の育成に資するものと考えられる。

　21 世紀を生きる子どもたちに求められる資質・能力の一つに，情報活用能力が挙げられる。情報活用能力とは「必要な情報を主体的に収集・判断・処理・編集・表現し，発信・伝達できる能力」[2] である。パーソナルコンピュータやスマートフォンが発達し，インターネットから誰もが必要に応じて自ら情報を取り出せる昨今である。講義形式の授業によって教師から一方的に知識を注入されるだけの時代は終焉を迎えつつある。今日の学校教育に求められていることは，ICT を活用する上での情報モラルを醸成し，情報活用能力の育成を図ることであり，21 世紀にふさわしい学びの姿を実現することである。

　そこで，本稿では，「21 世紀にふさわしい学びの姿」「21 世紀にふさわしい学びの姿と ICT 活用の関係性」を整理し，筆者の授業実践から得られた拙い知見を基に「ICT を活用した授業改善の視点」を提案したい。

（2）21 世紀にふさわしい学びの姿とは

① これからの時代に求められる学力とは

「論点整理」では，これからの時代に必要な育成すべき資質・能力について，学校教育法第 30 条第 2 項が定める学力の三要素「知識・技能」「思考力・判断力・表現力等」「主体的に学習に取り組む態度」を基に，次の三つの柱で整理されている（pp.10-11）。

ⅰ）「何を知っているか，何ができるか（個別の知識・技能）」
ⅱ）「知っていること・できることをどう使うか（思考力・判断力・表現力等）」
ⅲ）「どのように社会・世界と関わり，よりよい人生を送るか（学びに向かう力，人間性等）」

② これからの時代に求められる学びの姿とは

同じく「論点整理」では，変化を見通せないこれからの時代において，新しい社会の在り方を自ら創造できる資質・能力を育む授業改善の視点として，次の三点で整理されている（p.18）。

ⅰ）習得・活用・探究という学習プロセスの中で，問題発見・解決を念頭に置いた深い学びの過程が実現できているかどうか。
ⅱ）他者との協働や外界との相互作用を通じて，自らの考えを広げ深める，対話的な学びの実現ができているかどうか。
ⅲ）子供たちが見通しを持って粘り強く取り組み，自らの学習活動を振り返って次につなげる，主体的な学びの過程が実現できているかどうか。

③ どのような学習場面で ICT を活用すればよいのか

「教育の情報化ビジョン」では，これからの時代に求められる資質・能力を育成するための学習活動の視点について，次のようにまとめている[3]。

こうした 21 世紀を生きる子どもたちに求められる力を育むためには，何よりも，一人一人の子どもたちの多様性を尊重しつつ，それぞれ

の強みを生かし潜在能力を発揮させる個に応じた教育を行うとともに，異なる背景や多様な能力を持つ子どもたちがコミュニケーションを通じて協働して新たな価値を生み出す教育を行うことが重要になる。

　これは，平成25年6月14日に閣議決定された第2期教育振興基本計画の理念である「自立・協働・創造」の理念と軌を一にしている。要するに，「自立・協働・創造」の理念を達成するために，一斉学習に終始するのではなく，ICTを効果的に取り入れた一斉学習・個別学習・協働学習をバランスよく行うことの必要性を示唆していると言える。

④　どのようにICT機器を活用すればよいのか

　それでは，効果的にICT機器を活用するためにはどのようにすればよいのか。「『ICTを活用した教育の推進に関する懇談会』報告書（中間まとめ）」によると，ICTの特長である「時間的・空間的制約を超える」「双方向性を有する」「カスタマイズを容易にする」を生かすことにより，次のような学習活動が容易になるとまとめられている[4]。

　【ICTの活用により容易となる学習場面の例】
　①距離や時間を問わずに児童生徒の思考の過程や結果を可視化すること
　【思考の可視化】
　②教室やグループでの大勢の考えを，距離を問わずに瞬時に共有すること【瞬時の共有化】
　③観察・調査したデータなどを入力し，図やグラフ等を作成するなどを繰り返し行い試行錯誤すること【試行の繰り返し】

　以上より，ICTを活用した21世紀にふさわしい学びを実現することで，主として，一斉学習を通して関心・意欲の向上を，個別学習を通して知識・技能の習得を，協働学習を通して理解の深化や思考力・判断力・表現力等の育成を図ることが可能になると考えられる。

（3）ICT を活用した授業改善の視点

　筆者が所属している横浜国立大学教育人間科学部附属横浜中学校（以下，本校）は，平成23年度より「フューチャースクール推進事業（総務省）」及び「学びのイノベーション事業（文部科学省）」の指定を受け，実証研究を推進してきた。全生徒に1人1台のタブレット型PC（以下，TPC），全ての普通教室と一部の特別教室へのインタラクティブ・ホワイト・ボード（以下，IWB）の配備，無線LAN環境，クラウドコンピューティング技術といったICT環境が校内に構築されている。

　また，本校は，国立大学法人附属学校という研究推進校としての顔も併せもっている。近年は，平成17年度の「PISA型『読解力』」の研究に始まり，平成20年度からは一貫して「言語活動の充実を通して思考力・判断力・表現力等を育成する指導と評価」についての研究を推進してきた。

　このような経緯を踏まえて，筆者は効果的なICT機器の活用と，子供たち同士が教え合い，学び合う協働学習の方策を模索してきた。これまでの授業実践を通して得られた筆者の拙い知見から，ICTを活用した授業改善の視点を提案したい。

① ICT を日常的な手段にするためには

　ICT機器を日常的な手段として使うためには，ストレス・フリーな環境を整備することが大切である。このストレス・フリーな環境とは，教室に常時コンピュータや電子黒板等が配備されていて，電源を起動させるだけですぐに使用できる状態，すなわちICT機器が常時使用可能な状態に整備されていることを指す。このハード面での整備をしっかり行うことは，ICT教育を推進する上で大変重要なポイントである。例えば，授業のたびにパソコンとプロジェクターを教室へ持っていき，接続するといった手間が必要である場合，多くの教師はICT機器を使用することを諦めてしまうだろう。理由は簡単である。限られた授業時間を無駄にしたくないからである。だからこそ，ストレス・フリーな環境整備が必須なのである。

　さて，先述の通り，本校は，ICT実証研究校であるため，ストレス・フリーな環境という点において，大変恵まれた環境にある。そのため，何の問題もなくICT教育を推進することができたのだろうと推察されがちである。

しかし，実態はそんなに容易なものではなかった。導入当初は，充実した機器をどのように使えばよいのやら，模索する日々が続いた。そんな中，突破口となったのが，何はともあれICT機器を使ってみようとしたことにある。手始めに，毎時間の授業開始時に挨拶をするのと同様に，毎時間教室に行ったらすぐに教師用パソコンとIWBを起動することから始めた。そのうち，教師用デジタル教科書で資料をIWBに映し出して教師が解説したり，実物投影機で生徒のワークシートの記述をIWBに投影して生徒に説明させたりと，拡大提示としての使い方が定着し始めた。拡大提示は，多くの教師にとってストレスなく，効果を実感しやすいICT機器の使い方である。このような使い方が常態化してくると，次は生徒用TPCを授業で活用してみようなどといった教師のモチベーションが高まったり，新たなアイディアが浮かんできたりする。

② **ICTを効果的に活用するための授業デザインとは**

　ICTありきで授業をデザインし実践を行うと，「子供たちにとって分かりにくい授業内容になってしまった」「無理のある授業展開になってしまった」等といった教師の感想を耳にすることがある。これは，せっかくICTが導入されたので使わなければならないという呪縛により，ICTに振り回された結果と言える。

　本校では，導入時こそなかなか軌道に乗らなかったものの，ある程度の期間が過ぎたところからは，比較的スムーズにICT教育が推進されていったと記憶している。その要因として，これまで培ってきた言語活動を基盤とした授業スタイルへの変革が定着していたことが挙げられる。要するに，言語活動を通した学び合いのスタイルが確立されているところに，効果的な手段としてICTを埋め込むことができたのである。本節の冒頭で示した通り，「情報化は手段であって目的ではない」ことを再度確認したい。授業デザインをする際，まず行うべきは身に付けさせたい力は何かを問うこと。そのために，どのような授業スタイル（一斉学習・個別学習・協働学習）を選択すべきか。その中で，どのようにICTを活用したら，より効果的な学習が展開できそうかを考えたい。また，授業実践後は，ICTの特長を生かして「思考の可視化」「瞬時の共有化」「試行の繰り返し」が円滑に行われたかを省察

IV　教育は未来を創る

することが大切であろう。

③　ICT を活用してアクティブ・ラーニングを推進するためには

　最後に，ICT を活用して主体的・協働的な学習，いわゆるアクティブ・ラーニングを推進するための方策について提案したい。そのためには，主語を「先生が」から「子供たちが」に転換することが大切である。

　一つ目は，「先生が ICT を使う」から「子供たちが ICT を使う」への転換である。例えば，「先生が電子黒板を使って資料を解説する」から「生徒が電子黒板やコンピュータに映し出された自分の成果物をもとに説明する」といったように。二つ目は，子供たちの発達段階に応じて，「先生が ICT を選択する」から「子供たちが ICT を選択する」への転換である。例えば，「先生が授業で使用する ICT 機器を指示する」から「子供たちが必要に応じて ICT 機器を自由に選択することができる」への転換である。

　このような授業スタイルへの転換を実現するためには，ICT 活用指導力をはじめとした教師側の力量の向上が必須であろう。

（4）おわりに

　「論点整理」において，「社会に開かれた教育課程」のより一層の重要性が指摘されている（p.3）。言うまでもなく，ICT はインターネットや e メール，SNS 等を通して社会や世界との接点となっている。だからこそ，ICT は「21 世紀の学びにとって不可欠な手段」なのであり，ICT 教育の重要性はますます増していくと思われる。しかし，ICT は万能ではないし，ましてや ICT 機器があれば学力が向上するということはあり得ない。あくまでも「情報化は手段であって目的ではない」ことをしっかり認識しておくことが大切である。

1　文部科学省「学校教育の情報化に関する懇談会（第 6 回）　資料 2」，平成 22 年 6 月 22 日.
2　文部科学省「教育の情報化ビジョン」p.3，平成 23 年 4 月 28 日.
3　同上，p.4.
4　文部科学省「『ICT を活用した教育の推進に関する懇談会』報告書（中間まとめ）」pp6-7，平成 26 年 8 月 29 日.

5 | 未来を担う子供像

　教育は子供の姿を捉えることから始まる。例えば授業研究においても，授業の目標に対して評価という形で目標を達成するべく子供の姿を見取っていく。学校教育目標についても目指すべき子供の姿が示され，その姿を実現するために様々な手立てを講じ，検証を行っていく。本稿では，「これからの時代に求められる資質，能力の育成とは」を考えるに当たり，どのような子供たちを目指していくのか，これまで求められてきた子供像をたどるとともに，これからの時代の中で目指すべき，「未来を担う子供像」について考えていく。

（1）子供像の変遷

　子供たちの姿は，これまでもその時代その時代の社会を反映するものとして捉えられてきた。例えば，高度成長社会においては，両親の共働きが社会的な風潮となり，子供たちの置かれた状況から「鍵っ子」という言葉で，その風潮が表された。また，知識偏重や学歴社会を表すのに，子供たちの置かれた状況から「受験戦争」といった言葉が用いられた。

　このように，子供像は，その時代の社会情勢と密接に関連している。そこで，まず未来を担う子供像を考える上で，現在に至るまでの子供像の変遷について，中央教育審議会の答申を中心に整理する。

① 1950〜1960年代

> 　国民としての正しい自覚を持ち，個性豊かな文化の創造と民主的な国家社会の建設に努め，国際社会において真に信頼され尊敬されるような日本人の育成を目指して（以下略）[1]

　1950〜1960年代においては，戦後において，民主的な国家建設の担い手

IV　教育は未来を創る

として，また，国際社会において信頼される日本人として，その子供像が示されている。

② **1970 年代**

> （前略）自主的に充実した生活を営む能力，実践的な社会性と創造的な課題解決の能力とを備えた健康でたくましい人間でなければならない。また，さまざまな価値観に対して幅広い理解力をもつとともに，民主社会の規範と民族的な伝統を基礎とする国民的なまとまりを実現し，個性的で普遍的な文化の創造を通じて世界の平和と人類の福祉に貢献できる日本人でなければならない[2]。

　1970 年代に入ると，これまでの知識偏重の風潮に対して，自主的に充実した生活を営む能力や実践的な社会性，創造的な課題解決の力といったことを子供たちに求めている。その上で日本の伝統を重視し，文化の創造を基に，国際社会において貢献できる日本人が目指すべき子供像として示している。

③ **1980 年代**

> （前略）目覚ましい科学技術の進歩や経済の発展は，技術革新と産業構造の変化をもたらすとともに，社会の都市化や情報化を進めており，このような状況の下で，多くの人々が新たな知識・技術の習得や主体的な情報選択能力の涵（かん）養，都市生活への適応など種々の対応を迫られている。また，特に，国際関係が一層深まりつつある今日，我が国が将来にわたって各国との協調の下に発展していくために人々が豊かな国際性を身につけることが求められている[3]。

　1980 年代では，科学技術の進歩や経済発展による社会の大きな変化に伴い，新たな知識・技術の習得とともに情報選択能力，都市生活への適応等，新たな視点が盛り込まれている。また，これから国際関係が深まることを鑑みて，子供たちに国際性を身に付けさせる必要があるということも新たに示

171

された。

④ 1990年代

> 21世紀は，科学技術の発展や高度情報通信社会の実現により，社会の姿が大きく変貌する中で，地球環境問題・エネルギー問題・食糧問題など人類の生存基盤を脅かす問題が更に厳しさを増していく時代となることが予想される。このことは，21世紀が人類にとって厳しい危機の時代であることを意味するだけではない。我々は，「人間環境の改善を図り，人類が共に平和と幸福を享受して生きていける世界を創っていく」という夢のある大きな課題を与えられているとも言うことができる。
>
> このような認識に立つとき，次代を担っていく子供たちが，未来への夢や目標を抱き，創造的で活力に満ちた豊かな国と社会をつくる営みや地球規模の課題に積極果敢に取り組み，世界の中で信頼される日本人として育っていくよう，社会全体で子供たちが「生きる力」（自分で課題を見付け，自ら学び自ら考える力，正義感や倫理観等の豊かな人間性，健康や体力）を身に付けるための取組を進めていくことが大切である[4]。

1990年代になると21世紀を見据え，大きく変わる社会や地球規模での問題が取り上げられている。その上で子供たちには，未来への夢や目標をもつことを大切にするとともに，豊かな国や社会をつくることや地球規模の問題に積極的に取り組み，その中で世界の中で信頼される日本人となることが求められている。また，そうした子供像の育成を実現するべく，社会全体で生きる力を身に付けさせる必要性についても触れられている。

⑤ 2000年代

> 社会が急速な変化を遂げる中にあって，個人には，自立して，また，自らを律し，他と協調しながら，その生涯を切り拓いていく力が一層求められるようになる。（中略）
>
> 国際競争は今後更に激化することが予想される。このような中にあっ

て，我が国社会の活力の維持・向上と国際社会への貢献のためには，先見性や創造性に富む人材や卓越した指導力を持つ人材を幅広い分野で得ることが不可欠であり，その育成に当たり，教育に重要な役割が期待されている[5]。

2000年代になると急速な社会の変化に伴い，子供たちには，自ら人生を切り拓いていく力が一層求められている。また，国際社会への貢献ということは変わらないが，国際競争の激化が予想される中で，先見性や創造性といったことが必要であると示されている。

このように1950〜2000年代の子供像の変遷を見ていくと，その社会情勢に応じて求められていることが変容してきていることが分かる。その一方で，1950年代から変わらずに求められているものもある。

未来を担う子供像を考えるとき，これまで脈々と受け継がれてきた変わらぬものを大切にしながら，現状とともに今後の社会情勢の変化を見据え，子供たちに必要なことを考えていく必要がある。

（2）未来を担う子供像

現代社会は科学技術の進歩，高度情報通信社会の実現によって，安定した豊かな生活を享受している。その一方で社会の変革が急速に進み，その変革は予測が困難であるほどに複雑であるとされている。わずか20年ほど前に生まれた携帯電話等の情報端末機器が，現在では世界中の情報をすぐに獲得できるほど発達し，家に居ながらにして世界中の人々とつながることができるほどにネットワークも構築されている。しかし，ソーシャルネットワークの発達により，これまでとは違う形での問題が起こっている事実もある。これからの子供たちは，その中で生き抜いていく必要がある。ここでは，未来を担う子供像について，「論点整理」を基に考えていく。

① 急速かつ複雑な社会の変革に対応する

「論点整理」では，これからの時代に求められる人間の在り方の一つ目として，「社会的・職業的に自立した人間として，郷土や我が国が育んできた伝統や文化に立脚した広い視野と深い知識を持ち，理想を実現しようとする

高い志や意欲を持って，個性や能力を生かしながら，社会の激しい変化の中でも何が重要かを主体的に判断できる人間であること」と示されている（p.9）。

現在，急速に情報化が進展する中で，膨大な量の情報が溢れている。メディアやネットワーク上からも瞬時に情報を入手することができる。一方で，情報が膨大であるからこそ，その情報の何が正しく何が間違っているかを判断することが難しい。これからの子供たちは，膨大な情報の中から，重要な情報を自分で判断する情報活用能力を身に付ける必要がある。また，予測困難な時代だからこそ，様々な情報の中で何が重要であるのか，何に価値を見出すのか，様々な情報や経験を基に自ら判断するということが必要になる。その判断を基に自ら価値を創出し，社会の変革に対応していくことが求められていく。

② 他者と関わり協働する

「論点整理」では，これからの時代に求められる人間の在り方の二つ目として，「他者に対して自分の考え等を根拠とともに明確に説明しながら，対話や議論を通じて多様な相手の考えを理解したり自分の考え方を広げたりし，多様な人々と協働していくことができる人間であること」と示されている（p.10）。

人間が社会を生きるためには，他者の存在が不可欠である。これまでとコミュニケーション手段が大きく変わる中で，自分の考えを相手に伝えたり，相手の考えについて理解したりすることは，人間関係を構築する中で一層重要となる。また，他者と関わり，相手の考えを理解することは，これまでの自分の考えを深め，広げるということにもつながっていく。国際社会と向き合うことが必要となる現在，世界中の多様な人々と関わり，自分の考えを広げ協働していくということが，国際社会において信頼される人間となる上で，求められていく。

③ 自分自身の人生を切り拓いていく

「論点整理」では，これからの時代に求められる人間の在り方の三つ目として，「社会の中で自ら問いを立て，解決方法を探索して計画を実行し，問題を解決に導き新たな価値を創造していくとともに新たな問題の発見・解決

につなげていくことのできる人間であること」（p.10）と示されている。

　未来を生きる子供たちは，様々な地球規模の問題に直面すると考えられる。地球温暖化問題，環境問題，食糧問題，民族紛争等をはじめとして，これからも数多く表出すると考えられる。加えてグローバル化が進む中で，これまでは他国の出来事であったものが，我が国においても直接的に解決に向けた努力をする必要が出てくる。

　これからの子供たちは，これらの問題に向き合うとともに，その問題に受け身になるのではなく，積極的に関わり，その問題の解決に向けた行動が必要となる。

　こうした姿勢をもち，自分の在り方に目を向け，自分を社会の中にどう位置付け，課題に対してどのように解決していくかということに主体的に関わる中で，自分自身の人生を切り拓いていくことが求められていく。

④　未来を担う子供たち

　未来の子供たちが直面する社会は，複雑で見通しのもてない社会である。キャシー・デビットソンは「子供たちの65％は将来，今は存在していない職業に就く」と予測している（p.13）。

　しかし，複雑で急激な変革を遂げる社会だからこそ，価値観が多様化し，新たなものを生み出せる可能性もある。子供たちは多様な可能性をもっている。未来を担う子供たちには，予測困難な社会に委縮することなく，これらの問題に主体的に関わり，これからの時代が求める育成すべき資質・能力を育みながら夢や希望をもって，自分自身の人生に真摯に向き合ってほしい。他者や事象に積極的に関わり，自分の視野や経験を広げ，自分自身で価値を見出しながら，社会を生き抜くことで，明るい未来を創り上げてほしい。

1　文部省「学習指導要領」，昭和33年.
2　中央教育審議会「今後における学校教育の総合的な拡充整備における基本的施策について（答申）」抜粋，昭和46年.
3　中央教育審議会　「生涯教育について（答申）」抜粋，昭和56年.
4　中央教育審議会　「新しい時代を拓く心を育てるために（答申）」抜粋，平成10年.
5　中央教育審議会　「教育振興基本計画について（答申）」抜粋，平成20年.

6 子供のキャリアデザインをどう考えるか
－学校と社会の連携の視点から－

（1）キャリア教育に求められていること

　キャリア教育が初めて登場したのは平成11年12月の中央教育審議会答申「初等中等教育と高等教育との接続の改善について」である[1]。主な内容として「キャリア教育の小学校段階から発達段階に応じて実施する必要がある」こと，「実施に当たっては家庭・地域との連携し，体験的な学習を重視するとともに，各学校ごとに目標を設定し，教育課程に位置付けて計画的に行う必要がある」ことが提言されている。

　その後，平成23年1月の中央教育審議会答申「今後の学校におけるキャリア教育・職業教育の在り方について」においてキャリア教育を「一人一人の社会的・職業的自立に向け，必要な基盤となる能力や態度を育てることを通して，キャリア発達を促す教育」と定義している[2]。また，キャリア教育の捉え方については，「従来の教育活動のままでよいと誤解されたり，職場体験活動の実施をもってキャリア教育を行ったものとみなしたりする傾向が指摘される。今後，キャリア教育の本来の理念に立ち返った理解を共有していくことが重要である」と提言されている。これまでのキャリア教育では，望ましい職業観や人生観を養うために社会で活躍している人の講話を聴いたり，職場見学や職業研究，職業体験を行ったりすることが中心となって行われてきた。今後は，勤労観や職業観を育成するだけでなく社会的・職業的自立のために必要な能力の育成が求められ，キャリア教育の本来の理念に立ち返った教育の実践が求められているのである。

　「論点整理」においても，キャリア教育について次のように述べられている（p.9）。

　　子供たちに社会や職業で必要となる資質・能力を育むためには，学校と社会との接続を意識し，一人一人の社会的・職業的自立に向け必要な

基盤となる能力や態度を育み，キャリア発達を促す「キャリア教育」の視点も重要である。学校教育に「外の風」，すなわち，変化する社会の動きを取り込み，世の中と結び付いた授業等を通じて子供たちにこれからの人生を前向きに考えさせることが，主体的な学びの鍵となる。

　これからのキャリア教育には，職業的自立を促すため勤労観や職業観を育むことはもちろんであるが，社会に開かれた生きがいにつながる社会的自立を促すための教育が必要となってくるのである。子供が様々な他者や社会と関わり，自分らしい生き方を見つけていくためには，一人一人が興味をもち，進んで社会と関わるきっかけを学校教育でどのようにつくり出すかが重要になる。本節では，社会的自立につながる一つの方法として，現在，スポーツ行政に関わっている自身の経験を基に，スポーツに関わることに論点を絞り，これからの子供のキャリアデザインの在り方について考察する。

(2) キャリア教育とスポーツ

① スポーツの役割

　「論点整理」では，「特にこれからの時代に求められる資質・能力」において，スポーツについて次のように述べている（p.13）。

　　2020年に開催される東京オリンピック・パラリンピック競技大会の開催を契機に，スポーツへの関心を高め，「する，みる，支える」などの多様なスポーツとの関わり方を楽しめるようにしていくことも重要である。スポーツを通じて，他者との関わりを学んだり，ルールを守り競い合っていく力を身に付けたりすることができる。さらには，多様な国や地域の文化の理解を通じて，多様性の尊重や国際平和に寄与する態度を身に付けたり，ボランティア活動を通じて，共生社会の実現に不可欠な他者への共感や思いやりを育んだりすることにもつながる。

　これまでのスポーツとの関わりにおいて，子供の体力向上の取組など，「する」スポーツについては多くの取組が実践されてきた。しかし，「みる，

支える」スポーツについてはあまり着目されてはこなかった。「みる，支える」スポーツは誰でも生涯にわたって取り組める関わり方であり，生活を豊かにすることができるものと考えられる。子供のキャリアデザインにおいては，「する」場を提供することはもちろんであるが，「する・支える」として多様なスポーツに関わったり，スポーツでのボランティア活動へ取り組んだりすることが社会的自立を促す上で有効な手段となる。

② スポーツボランティア活動について

　ここでは，筆者が携わっている川崎市のスポーツについての調査や実例を基にスポーツボランティア活動について考察していく。

　川崎市では平成24年9月に川崎市スポーツ推進計画をまとめ，スポーツを推進していく基本的計画を示している[3]。計画を策定するにあたり，平成22年度にスポーツに関する市民アンケートを実施した。その中で「行ったことがある，または今後行ってみたいスポーツボランティア活動」の項目がある。アンケート結果では，「これまでに実施経験があるか」について，はいが23.7％，いいえが76.7％，「今後実施してみたい」については，はいが26.7％，いいえが73.3％となった。「スポーツ大会やイベント等の設営，運営などの支援」について，「行ったことがある」が全体の11.1％，「行いたい」が全体の16.7％となっている。スポーツボランティア活動への参加実績よりも今後の参加意向が高いことから，今後，スポーツボランティア活動に携わっていきたいと考える人は多く存在すると考えられる。しかし，スポーツボランティア活動に参加しない理由として多く挙げられたのは「どうすれば参加できるか分からない」「参加するきっかけがない」という内容であったことから，参加希望があっても参加をためらってしまっている人が多いと考えられる。この結果を受けて，川崎市では今後，市民が様々な形でスポーツボランティア活動に関わりをもつことができるよう，情報発信や活動機会の拡充など支援を行っていく必要があると考えている。

　川崎市の全市的なスポーツボランティア活動を募集しているスポーツ大会として，「川崎国際多摩川マラソン」や「多摩川リバーサイド駅伝in川崎」がある。どちらも参加者が6000～7000人の大規模スポーツ大会で，スポー

ッ推進委員など様々な団体と一般からボランティアを募集して大会を運営している。現在，マラソンでは団体ボランティアに約400名，公募による一般ボランティア約200名に参加していただいている。10年ほど前までは一般ボランティアの応募が少なく，団体ボランティアに頼って大会を運営していた。しかし，最近では募集して締め切りまでに定員を超える申し込みがあるようになってきている。スポーツボランティア活動が東京マラソンなど大規模スポーツの開催により注目が集まっていること，スポーツに関わる楽しさに気付き，積極的に関わろうとする人が増えてきていることが理由として考えられる。また，ボランティア参加者の特徴として，50歳以上の参加者が多く，毎年参加する方が増えていることが挙げられる。ボランティアは16歳以上としているが10代や20代の年齢の参加者は少ない。これは，募集の広報についてホームページ，市政だより，公共機関でのチラシ配布などで行っており，若年層へ有効な周知方法が少なかったこと，スポーツボランティア活動の楽しさを若年層へ伝えられていなかったことなどが原因として考えられる。

　今後，スポーツボランティア活動を活性化させるために，スポーツ活動の企画や運営を支えるスタッフやボランティアの必要性や活動内容を周知し，活動内容の拡充を図るとともに，スポーツを支える担い手としてスポーツボランティアを奨励し，育成・活動支援するための「スポーツボランティアバンク」の設置などを行う必要があると考えている。

③　今後のキャリア教育におけるスポーツとは

　これまで述べてきた通り，スポーツは「する，みる，支える」を実践することにより，生涯の中で様々な役割を果たす過程で，自らの役割の価値や自分と役割の関係を見いだしていくことができ，今後，キャリア教育に取り入れていく価値がある。しかし，これまでキャリア教育として，スポーツはあまり取り上げられてこなかった。

　理由として，まず，スポーツが「する」スポーツを中心に考えられてきたことが挙げられる。スポーツに関わることは，そのスポーツを行うことであり，それゆえ気軽にスポーツに関わることは難しい状況になっていた。今

後，スポーツボランティア活動の内容を広げ，教育機関への積極的な周知を行い，キャリア教育に活用できるシステムを作り上げていく必要がある。また，区や町，学区単位で行われる地域でのスポーツ活動においても，気軽に「みる，支える」活動に取り組めるようにする必要がある。現在各地で，幅広い世代の人々が，個人の興味・関心，競技レベルに合わせて，様々なスポーツに触れる機会を提供する総合型地域スポーツクラブが設立されている。地域住民の自主的・主体的な運営で活動が行われており，学校施設を拠点にし，学校への指導者派遣を行っているクラブも多くあることから，活動への参加方法の工夫によってキャリア教育との連携が図れると考える。平成27年に北京で世界陸上競技大会が開催された際，多くの大会参加国が日本の都市で事前キャンプを行った。ある都市では，警備や補助役員としてその都市の高等学校陸上競技部がボランティアとして参加し運営に携わった事例がある。高校生にとって，あこがれの選手を直接見ることができるとともにキャンプを支えるスタッフの活動を知る良い機会になった。このような取組を参考として，ボランティア活動を広げるとともに，スポーツ活動をキャリア教育に生かしていくことも，これからの時代には求められる。

次に，スポーツ事業が実施される時期が教育課程の時間外となっているため取り上げにくいことが挙げられる。これまでのキャリア教育は教育課程内で実施できる内容を実施することが多かった。そのため，講話や職業体験等が中心となってきた。スポーツボランティア活動をキャリア教育で活用するためには，学校でのキャリア教育を生かして自主的に社会に出て体験する仕組みをつくる必要がある。地域にスポーツ大会の会場となるスポーツ施設がある場合は積極的に取り入れるなど，地域の実態に合わせて活用する必要がある。例えば，学校と地域が協力し，町内会単位の運動会やスポーツ大会に子供がスタッフとして参加できる体制を構築するなどの方法も効果的であると考える。

(3) これからの時代に求められる子供のキャリアデザイン

ここまでスポーツボランティア活動についてキャリア教育との関連について述べてきたが，子供のキャリアデザインに有効な素材はスポーツのみなら

ず，文化，経済など幅広い分野でイベントやフォーラム，ボランティア活動が行われている。「論点整理」では，次期学習指導要領改訂の視点について，「子供たちが『何を知っているか』だけでなく，『知っていることを使ってどのように社会・世界と関わり，よりよい人生を送るか』ということであり，知識・技能，思考力・判断力・表現力等，学びに向かう力や人間性など情意・態度等に関わるもの全てを，いかに総合的に育んでいくかということである」と定義している（p.16）。社会にある素材を地域の実態に合わせて有効に取り入れることが子供のキャリアデザイン形成の幅を広げることにつながることになる。

　これまでは，イベントやボランティア活動などの情報を一方的に発信し，参加については子供任せということが多かった。行政や社会団体と教育関係機関と連携を図る機会もなかった。子供たちは，内容が魅力的であり，周囲の状況が参加しやすい状態にあれば，イベントやボランティア活動に積極的に参加することができる。そのためにも，行政や社会団体は教育機関と連携して情報提供等を工夫して行う必要があり，教育機関は多くの情報から取捨選択して，子供に伝えていくとともに，参加しやすい環境を整えていく必要がある。

　これからの教育には，子供が職業や社会参加に価値観を見いだし，積極的に関わっていくことが大切になる。子供のキャリアデザインを広げていくためにも，学校が地域や保護者，行政機関と連携したカリキュラムマネジメントの構築が重要となる。

1　文部科学省「高等学校キャリア教育の手引き」p.11，平成23年.
2　文部科学省「高等学校キャリア教育の手引き」p.14，平成23年.
3　川崎市市民・こども局 市民スポーツ室「川崎市スポーツ推進計画」p.20，2012.

7 教員のキャリアステージと求められる資質・能力
― 学び続ける高度な専門職として ―

（1）人材育成の中核を担う学校教育

　平成 20 年告示の学習指導要領において示されている現代社会の大きな変化と学校教育の位置付け等について，平成 27 年 12 月 21 日付で公表された中央教育審議会答申「これからの学校教育を担う教員の資質能力の向上について〜学び合い，高め合う教員育成コミュニティの構築に向けて〜」（以下，「平成 27 年 12 月答申」）では，次のように指摘している（下線は筆者）。

> 　知識基盤社会の到来と情報通信技術の急速な発展，社会・経済のグローバル化や少子高齢化の進展など，我が国の社会は大きく変化してきた。特に近年は，人工知能の研究やビッグデータの活用等による様々な分野における調査研究手法の開発が進められており，将来，こうした新たな知識や技術の活用により，一層社会の進歩や変化のスピードは高まる可能性がある。
>
> 　このような変化の中，我が国が将来に向けて更に発展し，繁栄を維持していくためには，様々な分野で活躍できる質の高い人材育成が不可欠である。こうした人材育成の中核を担うのが学校教育であり，その充実こそが我が国の将来を左右すると言っても過言ではない。そのためには，学校における教育環境を充実させるとともに，学校が組織として力を発揮できる体制を充実させるなど，様々な対応が必要であるが，中でも教育の直接の担い手である教員の資質能力を向上させることが最も重要である。

　また，平成 24 年 8 月の中央教育審議会答申「教職生活全体を通じた教員の資質能力の総合的な向上方策について」では，教員自身が探究力を持ち学び続ける存在であるべきであるという「学び続ける教員像」の確立が提言さ

れており，学校が直面する多種多様な課題に対応し得る実践的な指導力が求められている。

しかしながら，児童生徒数の増減や，近年の大量退職に伴う大量採用の影響による教員の年齢構成の不均衡から，かつてのような中堅・ベテラン教員からから経験の浅い教員への知識・技能の継承がうまく図られていないという状況もある。

そこで本節では，次代の人材を育成する中核たる学校教育を支える教員のキャリアステージに関する捉え方と，それぞれの段階において求められる資質・能力，また，それらを一人一人の教員自身が身に付け，スキルアップしていくためのこれからの学校現場の在り方について考察する。

(2) これからの時代の教員に求められる資質・能力

これからの時代の教員に求められる資質・能力について，前掲の平成27年12月答申では，次のように述べている（下線は筆者）。

> 教員が備えるべき資質能力については，例えば使命感や責任感，教育的愛情，教科や教職に関する専門的知識，実践的指導力，総合的人間力等がこれまでの答申等においても繰り返し提言されてきたところである。これら教員として不易の資質能力は引き続き教員に求められる。
>
> 今後，改めて教員が高度専門職業人として認識されるために，学び続ける教員像の確立が強く求められる。このため，これからの教員には，自律的に学ぶ姿勢を持ち，時代の変化や自らのキャリアステージに応じて求められる資質能力を，生涯にわたって高めていくことのできる力も必要とされる。
>
> また，変化の激しい社会を生き抜いていける人材を育成していくためには，教員自身が時代や社会，環境の変化を的確につかみ取り，その時々の状況に応じた適切な学びを提供していくことが求められることから，教員は，常に探究心や学び続ける意識を持つこととともに，情報を適切に収集し，選択し，活用する能力や知識を有機的に結びつけ構造化する力を身に付けることが求められる。

使命感や責任感，教育的愛情といった不易の資質・能力とともに，時代の変化を的確に捉え，その時々の状況に応じた適切な指導を展開することができる高度な専門職としての探究心や，ひたむきに学び続ける意識とともに，生涯にわたって自らを高めていこうとする力が求められているのである。

① 教員のキャリアステージをどう捉えるか

教員としての成長は一人一人の意欲やパーソナリティ等の状況に応じて個人差も大きく，単純に経験年数だけで一律に捉えるのではなく，教員の経験に応じて，いくつかの段階に分けて考えていくことができる。

そこで平成27年12月答申の内容を踏まえると，概ね次の三つの段階が想定される。

〈1〉 教員としての基礎・基本を固め，担当する教科の授業者として，また学級担任としての実践力を身に付ける段階。

〈2〉〈1〉の段階における学びを踏まえ，学年全体や指導組織等の中堅・中核的なリーダーとして，学年又は学校行事等の業務を企画・立案し，運営推進の中心となる段階。

〈3〉 これまでの経験を生かし，より広い視野で学校運営に携わるとともに，経験の浅い教員を育成する意識をもって，学校全体のカリキュラム・マネジメントを推進する段階。

② それぞれの段階で求められる教員の資質・能力

ここで，教科指導を一つ例に挙げてみよう。それぞれの段階に応じて，より高い実践的な指導力が求められるようになる。そうであるからこそ，教職は高度な専門職として位置付けられるのである。

板書や発問等の基本的なスキルの習得に始まり，学習形態を工夫するなど効果的な指導の在り方について模索する力を身に付けるのが〈1〉の段階だとすれば，学校全体ないし校内の教科会，様々な研究会の中心的なメンバーとして授業改善の輪を広げていく推進力を身に付けるのが〈2〉の段階，さらに〈3〉の段階では，授業改善を継続的に実践しつつ，これまでの組織的な実践研究を取りまとめ校外や市区町村，そして都道府県・全国に向けて発信していけるような教員としての学びや成長を自覚的に志す力を身に付けたい。

児童生徒指導や，学校経営における様々な場面での種々のマネジメントについても，同様のステージが想定できる。日々の様々な教育実践の中で知識・スキルを学びつつ，各段階に応じて求められる教員としての力量の形成を図りたい。

これらのことについては，例えば，「横浜国立大学教員養成スタンダード」（図1），「横浜市教育委員会『教員のキャリアステージ』における人材育成指標」（図2），「神奈川の教員養成スタンダード」（図3）で，それぞれのステージにおける具体的な教員の姿として示されている。

（3）関係機関が一体となって体系的に

では，どうしたらこれからの時代に求められる教員の資質・能力を育成していくことができるのだろうか。

① 大綱は国や自治体が示す

平成27年12月答申の中から「4 改革の具体的な方向性」の「(5) 教員の養成・採用・研修を通じた具体的な方向性」にある，次のような指摘について抜粋する（下線は筆者）。

〈教員育成指標の作成〉

　こうしたことから，教員のキャリアステージに応じて身に付けることが求められる能力を明確化する教員育成指標が全国的に整備されることが必要であり，国はそのための所要の措置を講じるべきである。こうした指標の体系的な整備により，教員の高度専門職業人としての地位の確立に寄与することが期待され，教員が自信と誇りを持ちつつ，指導に当たることが可能になると考えられる。

〈教員研修計画の策定〉

　都道府県等の教育委員会は，地域ごとの教員育成指標を踏まえ，地域ごとの体系的な研修計画を策定し，研修・研究機能を高め，当該研修計画に基づき各種研修を行うことが適当である。また，大学においては，教職課程コアカリキュラムや地域ごとの教員育成指標を踏まえつつ，大学として養成すべき教員像を明確にし，既存の科目構成・内容を見直す

など教職課程の改善充実を図ることが適当である。

　例えば義務教育段階において，市町村の教育委員会は域内の都道府県ごとに策定される教員育成指標や研修計画を踏まえ，市町村独自の研修目標や研修計画を策定することが期待される。また，市町村教育委員会や教員研修施設，学校などは都道府県等の教育委員会が定めた教員育成指標や研修計画を踏まえ，教員の資質能力の育成に関するより具体的な研修目標を定めて研修を実施していくことが期待される。

　これらを踏まえると，高度な専門職としての教員の人材育成について，国は大綱的な指針，都道府県は地域ごとの教員育成指標や体系的な研修計画，市町村は，それらを踏まえた独自の研修目標や研修計画を，大学等の関係機関と一体となって策定することが大切である。また，答申では，そのための新たな組織として「教員育成協議会（仮称）」の創設を提言している。

② 細目を具体化するのは学校の役割

　教員として必要な資質・能力は，教育委員会等が企画する研修を受講することだけで十分に身に付くものではない。

　学校外での計画的な研修での新たな気付きや学びも多くある。しかしながら，教員にとって最良の力量形成の場は学校である。日々，児童生徒や保護者と向き合い，授業改善を試み，先輩教員に学びつつ，世代の近い同僚と切磋琢磨する中でこそ，教員としての使命感や責任感，今日的な教育課題への対応力を身に付けていくものである。

　つまりは，国や都道府県，市区町村が示す大綱的な人材育成指標や研修目標に対して，それぞれの学校が直面する実態や課題，一人一人の教員の資質やパーソナリティを踏まえつつ，細目としての人材育成の計画を個別のビジョンをもって具体化するのは，各学校の役割であると考える。

③ チーム学校として取り組む

　―校内人材育成の仕組み「Team ○○（学校名）Way」の構築 ―

　学習指導要領や各自治体の教育施策を踏まえながら，地域や児童生徒の実態・特性を生かして教育課程を編成するのはそれぞれの学校である。それは，校長のリーダーシップの下，副校長・教頭が補佐し，主幹教諭や指導組

織の主任が中心となって，各校独自に設定された学校教育目標の具現化のためにカリキュラム・マネジメントを推進していくことである。

　この考え方は，校内の人材育成についても全く同じである。

　変化の激しい今日の教育状況の中，学力観も変わりつつあるとともに，課題も多様化している。それらに対応するためには，もはや教員個人の力では立ち行かなくなりつつある。平成27年12月21日付の中央教育審議会答申「チームとしての学校の在り方と今後の改善方策について」でも指摘されている「チーム学校」の考え方の下，「チーム」として組織的に取り組んでいくことが大切である。

　そもそもこの「チーム学校」は，複雑化・多様化する学校の今日的課題の解決に向け，教員が教育指導に専念できる高度な専門職たり得るために，地域との連携や教員以外の専門スタッフの参画といった，専門性に基づくチーム体制の構築を一つの柱として発想されている。それに加え，学校外の人材や資源を含めた組織体としてまとめ上げる管理職を中心としたマネジメント機能の強化と，教職員一人一人が力を発揮できる環境の整備という三つの視点と方策からなる提言であり，学校としての組織的な人材育成を念頭に置いたものである。

　このように学校という組織の在り方が問い直されている中，高度な専門職として，優れた「職人」として，教員を育成していくための仕組みをどのように創造していくことができるのであろうか。

　ラグビーの日本代表チームでエディ・ジョーンズヘッドコーチの下「Japan Way」が創られたように，校長の下，地域や児童生徒の実態を踏まえるとともに，各学校の教員集団のよさや特性を生かした「Team ○○（学校名）Way」を構築することができないだろうか。

　そして各学校で育った教員が，やがては各々次の，あるいはその次の異動先の「Team学校」でエディ氏の役割を担える人材として飛躍してこそ，学校はこれからも児童生徒の学びの場・育ちの場で在り続けるのである。

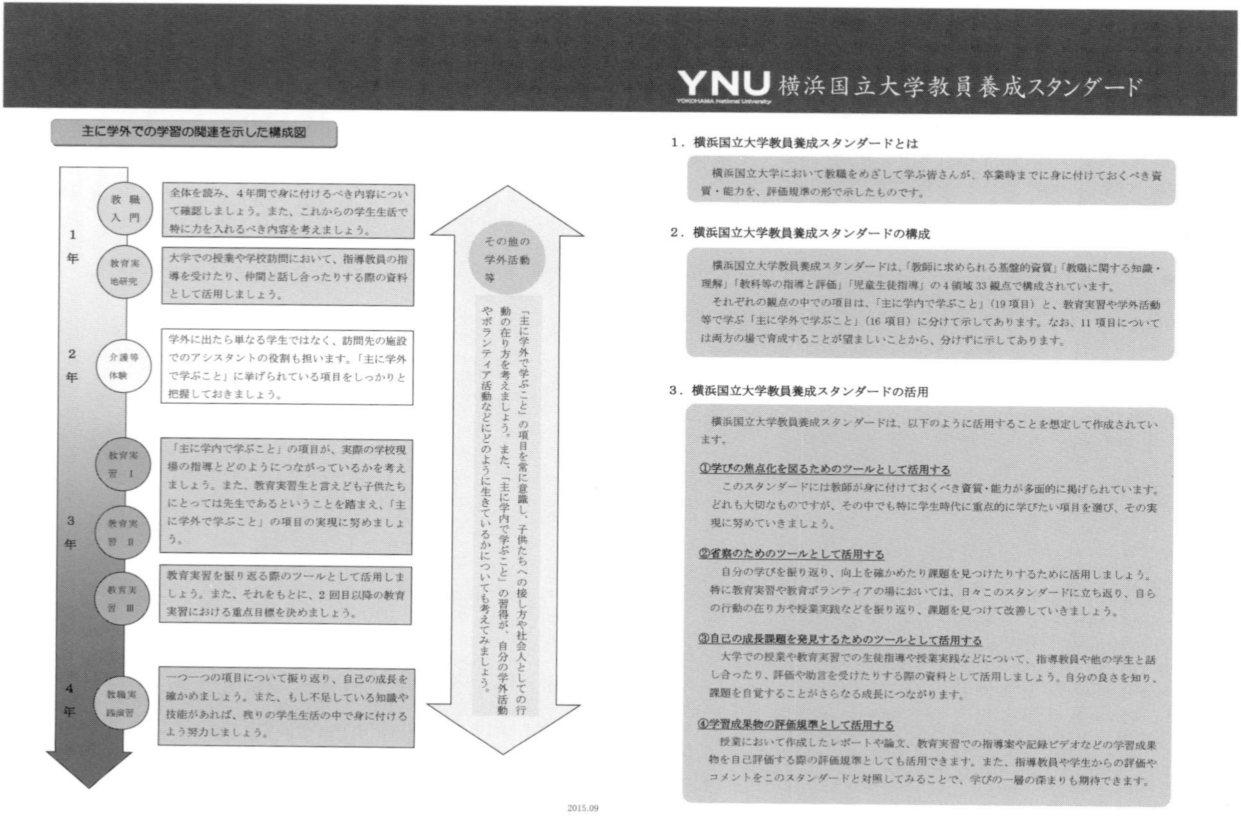
YNU 横浜国立大学教員養成スタンダード

YOKOHAMA National University

主に学外での学習の関連を示した構成図

1年

教職入門：全体を読み、4年間で身に付けるべき内容について確認しましょう。また、これからの学生生活で特に力を入れるべき内容を考えましょう。

教育実地研究：大学での授業や学校訪問において、指導教員の指導を受けたり、仲間と話し合ったりする際の資料として活用しましょう。

2年

介護等体験：学外に出たら単なる学生ではなく、訪問先の施設でのアシスタントの役割も担います。「主に学外で学ぶこと」に挙げられている項目をしっかりと把握しておきましょう。

3年

教育実習Ⅰ・教育実習Ⅱ：「主に学内で学ぶこと」の項目が、実際の学校現場の指導とどのようにつながっているかを考えましょう。また、教育実習生と言えども子供たちにとっては先生であるということを踏まえ、「主に学外で学ぶこと」の項目の実現に努めましょう。

教育実習Ⅲ：教育実習を振り返る際のツールとして活用しましょう。また、それをもとに、2回目以降の教育実習における重点目標を決めましょう。

4年

教職実践演習：一つ一つの項目について振り返り、自己の成長を確かめましょう。また、もし不足している知識や技能があれば、残りの学生生活の中で身に付けるよう努力しましょう。

その他の学外活動等：「主に学外で学ぶこと」の項目を常に意識し、子供たちへの接し方や社会人としての行動の在り方を考えましょう。また、「主に学内で学ぶこと」の習得が、自分の学外活動やボランティア活動などにどのように生きているかについても考えてみましょう。

1．横浜国立大学教員養成スタンダードとは

横浜国立大学において教職をめざして学ぶ皆さんが、卒業時までに身に付けておくべき資質・能力を、評価規準の形で示したものです。

2．横浜国立大学教員養成スタンダードの構成

横浜国立大学教員養成スタンダードは、「教師に求められる基盤的資質」「教職に関する知識・理解」「教科等の指導と評価」「児童生徒指導」の4領域33観点で構成されています。

それぞれの観点の中での項目は、「主に学内で学ぶこと」（19項目）と、教育実習や学外活動等で学ぶ「主に学外で学ぶこと」（16項目）に分けて示してあります。なお、11項目については両方の場で育成することが望ましいことから、分けずに示してあります。

3．横浜国立大学教員養成スタンダードの活用

横浜国立大学教員養成スタンダードは、以下のように活用することを想定して作成されています。

①学びの焦点化を図るためのツールとして活用する

このスタンダードには教師が身に付けておくべき資質・能力が多面的に掲げられています。どれも大切なものですが、その中でも特に学生時代に重点的に学びたい項目を選び、その実現に努めていきましょう。

②省察のためのツールとして活用する

自分の学びを振り返り、向上を確かめたり課題を見つけたりするために活用しましょう。特に教育実習や教育ボランティアの場においては、日々このスタンダードに立ち返り、自らの行動の在り方や授業実践などを振り返り、課題を見つけて改善していきましょう。

③自己の成長課題を発見するためのツールとして活用する

大学での授業や教育実習での生徒指導や授業実践などについて、指導教員や他の学生と話し合ったり、評価や助言を受けたりする際の資料として活用しましょう。自分の良さを知り、課題を自覚することがさらなる成長につながります。

④学習成果物の評価規準として活用する

授業において作成したレポートや論文、教育実習での指導案や記録ビデオなどの学習成果物を自己評価する際の評価規準としても活用できます。また、指導教員や学生からの評価やコメントをこのスタンダードと対照してみることで、学びの一層の深まりも期待できます。

2015.09

図1　横浜国立大学教員養成スタンダード（平成27年度）

横浜国立大学教員養成スタンダード

領域	観点	A 主に学内で学ぶこと	B 主に学外で学ぶこと
I 教師になるための資質	(1) 社会人としての態度・行動	進んであいさつし、正しい言葉遣いで話すとともに、場面や状況に応じた態度や行動をとっている	
	(2) 教職への熱意	教師になりたいという意欲を持ち、その実現に対する資質向上としている	
	(3) コミュニケーション	自己を客観視するとともに、他者の言動を共感的に理解しようとしている	
	(4) 組織人としての自覚		学校運営は教職員全員で行うということを理解し、他の教職員と連携・協働している
	(5) 連携・協力	保護者や地域との連携・協力の重要性を理解している	
	(6) 遵法	法令（著作権・個人情報保護など）の遵守することの重要性を理解している	学校や校務のルールを守り、子供たちの遵守すべきことの重要性を理解するよう努力している
	(8) 健康管理	生活習慣を正しくし、心身の健康維持に努めている	
II 教職に関する学習の基盤となる知識・理解	(1) 教育関連法規	教育基本法や学校教育法などの主な教育法規の趣旨や内容のあらましについて理解している	
	(2) 学習指導要領	学習指導要領の趣旨や目標、内容のあらましについて理解している	
	(3) 教育課程	各学校における教育課程の編成・実施・評価・改善を行うことの大切さや手順を理解している	具体的な学校の教育課程について理解しようとしている
	(4) 教科等の指導	教科等の目標、学習内容の系統性、学習指導の方法の大切さを理解している	
	(5) 学習評価	学習評価の役割や方法、指導と評価の一体化の重要性について理解している	
	(6) 現代的な諸課題	社会の変化に対応する課題（グローバル化、情報化、ESDなど）や教育改革の動向について理解を深め、考えようとしている	学外活動を通じ、現代的な諸課題に対する各種機関の取組を理解しようとしている

領域	観点	A 主に学内で学ぶこと	B 主に学外で学ぶこと
III 子供を育てるための指導に関する知識・理解・技能	(1) 学習指導の方向性の理解	主体的・協働的に学ぶことを求めることの大切さやこれからの授業づくりの方向性について考えている	
	(2) 学習指導案の作成	学習指導案を作成する意義や、その具体的な方法について理解し、簡単な学習指導案を作成することができる	子供たちの学習状況や実態を考慮した学習指導案を作成し、指導を受けて修正することができる
	(3) 教材の理解活用		子供の実態に有効と思われる教材・教具を選定し、効果的に活用することができる
	(4) ICTの活用	教科指導におけるICT活用の意義について理解している	ICT機器を授業等の場で活用することができる
	(5) 授業実現	模擬授業等を通して、教師役としての実践力を高め、短時間や板書等のスキルを身につけている	授業のねらいに即して子供の反応などに留意しながら授業を行うことができる
	(6) 授業観察		他者の授業に対し、よさや課題、改善の方法などを意識しながら、マナーを守って参観することができる
	(7) 授業評価	授業評価の意義や方法について理解している	自他の授業について、学びの育成、子供たちの問いかけや方法の観点から評価することができる
	(8) 授業における学習評価	教科等に即した評価規準の設定の仕方を理解している	評価規準に基づいて子供の学びの成果を捉え、評価することができる
IV 現場経験を積んで指導に活かす	(1) 発達の段階の理解	子供たちの発達の段階と、その特徴について理解している	
	(2) 子供への接し方		公平で受容的な態度で一人一人の子供に接し、相互理解を深めることができる
	(3) 問題行動への対応	子供たちの問題行動の背景について多面的に捉える必要性について理解している	問題行動を発見したら、すぐに周囲の教職員等に連絡・報告・相談し、対応し指導することができる
	(4) 教育相談	教育相談の重要性や基礎的な知識をもっている	
	(5) 特別支援教育	特別支援教育の意義や子供たちの障害に応じた指導を行うことの大切さを理解している	特別な支援を必要とする子供たちに、専門家のアドバイスを受けながら個に応じた指導を行うことができる
	(6) 人権教育	いじめや差別・不当な人権侵害など、子供たちの人権にかかわる諸問題の危機管理意識を高め、校内組織や関係機関と連携して指導することの大切さについて理解している	
	(7) キャリア教育	キャリア教育の意義や指導方法に関する知識をもっている	
	(8) 安全教育	安全に関する指導や安全管理の重要性や、学校生活全般における安全を確保するために必要な指導を理解している	
	(9) 学級経営	学級担任の役割や学級経営の仕方について理解している	
	(10) 保護者への理解	保護者の思いや願いを理解し、学校と家庭の連携を図り、子供たちの健やかな成長を支えることの大切さを理解している	
	(11) 教室環境整備	教室の物的環境整備の意義を理解し、どのような工夫ができるかを考えている	教室や校内の環境整備を通して子供たちが安全で快適に過ごせる教育環境を整えることができる

平成２７年度「教員のキャリアステージ」における人材育成指標

平成２２年２月策定
平成２７年３月改訂

資質・能力		横浜市が求める着任時の姿	第１ステージ 実践力を磨き教職の基盤を固める〈学級・担当教科等〉	第２ステージ 専門性を高めグループのリーダーとして推進力を発揮する〈学年・分掌等〉	第３ステージ 豊富な経験を生かし広い視野で組織的な運営を行う〈学校全体〉
教職の素養	自己研鑽・探究力	・常に自己研鑽に努め、探究心をもって自主的に学び続ける。			
	情熱・教育的愛情	・横浜を愛し、教職への誇りと強い情熱、児童生徒への愛情をもつ。			
	使命感・責任感	・教育公務員として、自己の崇高な使命を深く自覚し、法令及び「横浜市公立学校教職員行動基準」を遵守する。			
	人間性・社会性	・豊かな人間性や広い視野・高い人権感覚をもち、児童生徒や教職員・保護者・地域等との信頼関係を構築する。			
	コミュニケーション	・周囲の状況や相手の思いや考えを汲み取るとともに、自分の考えを適切に伝え、積極的に助け合い支え合う。			
学び続ける教員／教職専門性／児童生徒指導力	児童生徒理解	・児童生徒理解の意義や重要性を理解し、一人ひとりに積極的に向き合おうとしている。	・一人ひとりの背景を意識して、児童生徒に向き合う。	・児童生徒を取り巻く環境的な位に捉え、一人ひとりの理解を図る。	・教職員相互で共通理解を図ることができるように、組織の環境を整える。
	児童生徒指導	・個や集団を指導するための手立てを理解し、実践しようとしている。	・保護者等の関係者や校内組織と連携しながら、個や場面に応じた指導を行う。	・関係機関等と連携して、学年全体の児童生徒指導を行う。	・様々な関係機関等と連携して環境を整え、適切な指導を推進する。
授業力	実態把握と目標の明確化（PLAN）	・学習指導要領を理解し、児童生徒の実態把握の必要性を認識し、目標を明確にして立案しようとしている。	・学習指導要領を理解し、児童生徒の実態を把握したうえで目標を明確にする。	・学校の特色も考慮し、実現した姿を想定して目標を明確にする。	・地域の特色も考慮した実態把握を行い、各教科の目標設定に生かすための発信を行う。
	指導と評価の計画立案（PLAN）	・指導と評価の一体化や、評価規準、指導・評価計画の意味を理解し、立案しようとしている。	・評価の目的を理解し、指導と評価の計画を立てる。	・目標を実現するために、効果的な評価の機会を設定し、指導と評価の計画を立てる。	・校内の指導と評価の計画を把握し、的確な支援を行う。
	指導技術、指導形態の工夫（PLAN）	・板書や発問等の基本的な指導技術を習得し、実践しようとしている。	・「習得・活用・探究」の学習を重視し、学び合い等の場面を取り入れた授業の展開を計画する。	・様々な技術を生かし、思考力・判断力・表現力や意欲をさらに高める工夫をする。	・個や集団に応じた効果的な指導方法を工夫・選択し、発信を行う。
	授業中の指導と評価（DO）	・「指導と評価の一体化」の実態を理解し、児童生徒の様子を把握しながら授業を実践しようとしている。	・集団の中の一人ひとりの学習状況を把握し、適切に指導・助言を行う。	・学習状況に応じて、適切に補充的・発展的な指導・助言を行う。	・学習状況を適切に評価し、状況に応じた効果的な指導方法で実践するとともに発信を行う。
	省察及び改善（CHECK、ACTION）	・授業改善の意義や授業を分析し改善する手立てを理解し、実践しようとしている。	・一人ひとりの学習状況を把握し、次時や次単元の指導に生かす。	・適切な授業評価を行い、継続的な授業改善に取り組むとともに自己の専門性向上に努める。	・自校の授業力向上に向けた取組の課題を明らかにし、年間指導計画等の改善を行う。
	研究の推進と研究体制構築	・研究会や研修会に積極的に参加する意義を理解し、実践しようとしている。	・校内研究会や他校の授業研究に積極的に参加し、授業に生かす。	・校内研究会・校外研修会の企画・運営に携わり、授業力やマネジメント力の向上を図る。	・研修会で得た情報や自らの実践を広く情報発信して、自校の教育活動に生かす。
マネジメント力	学級経営・学校経営ビジョンの構築	・学級担任の役割と職務内容及び、学校組織・運営や校務分掌等を理解し、自分でできることを実践しようとしている。	・学校教育目標を理解し、学級経営や教科経営の方針を立て、一貫性のある指導を行う。	・組織運営や教科経営に積極的に関わり、学校教育目標の実現に向けて工夫改善する。	・学校運営において創造的なビジョンの構想やプランの構築に参画し、教育活動を活性化させる。
	人材育成（メンターチーム等の活動）	・学び続けることの意義を理解し、アドバイスに耳を傾け、自らを改善しようとしている。	・疑問点や悩みを相談したり、共有し合ったりしながら、自らの実践力を磨く。	・互いの課題や悩みに気付き、支え合える環境をつくるとともに、経験の浅い教職員を積極的に支援する。	・人材育成の重要性をふまえ、教職員の経験に応じた効果的な人材育成の環境をつくる。
	資源（人・もの・情報・時間・資金等）の活用	・学校内の資源の種類やその活用の目的・意義を理解し、実践しようとしている。	・身の回りの資源を積極的に教育活動に生かす。	・教育活動に効果的な資源を見極めて活用する。	・状況や課題にふさわしい活用方法を考え、教育活動全体の充実を図る。
	危機管理	・危機管理の重要性を理解し、危機を未然に防ぐ場合に、素早い行動をとろうとしている。	・安全や教育効果に配慮した環境を整備し、課題について「報告・連絡・相談」を確実に行う。	・危機を予測し連携して未然防止を図るとともに、早期発見、早期対応に努める。	・平常時の未然防止、抜本的改善、再発防止を組織的に推進する。
連携・協働力	同僚とチームでの対応	・組織の一員としての自分の役割を理解し、同僚と協力して対応しようとしている。	・組織の一員として教職員と積極的に関わり、求められている役割を理解して対応する。	・互いの良さを認め合い、それぞれの力を生かして対応する。	・組織の特性をふまえ、広い視野をもって対応力を高める。
	保護者や他の組織等との連携・協働	・保護者や地域等との連携を理解し、保護者や地域等との連携に関わろうとしている。	・保護者、地域と積極的に関わり、連携・協働して対応する。	・保護者、地域、関係機関等との連携を深め、連携・協働して対応する。	・保護者、地域、関係機関等との連携・協働のネットワークを形成する。

図2　横浜市教育委員会「教員のキャリアステージ」における人材育成指標（平成27年度）

学び続ける教師のために（神奈川の教員養成スタンダード）

○児童・生徒・保護者に信頼される教員　○子どもの学びを支える教員　○子どもと共に学び続ける教員　○チーム学校を意識しながら仕事に取り組むことのできる教員

領域	観点	A 開発期	B 充実期	C 発展期
Ⅰ 基礎的資質	(1) 教職への熱意	自己研鑽に努め、主体的に学び続けることと、児童・生徒に対する責任感や使命感をもっている	教師としての自己の実践を振り返り、課題に取り組もうとしている	自己の職責을自覚して、これまで学び続けてきたことを生かし、中核的存在として学校全体をまとめ、支えようとしている
	(2) 社会性・同僚性	礼儀正しく接し、児童・生徒、保護者や教職員との信頼関係を築こうとしている	教職における同僚性の大切さを理解し、それを高めていくための方策について考え、自己の教育力の向上に生かそうとしている	
	(3) 法令遵守	教育公務員としての使命を自覚し、法令・規則を遵守している	法令・規則等の意味を理解することと、児童・生徒が自己実現を図ることができるよう指導している	
	(4) 人権感覚	命の大切さや相手の尊厳などを認識し、一人ひとりの人権を尊重している	児童・生徒一人ひとりの思いや考えを汲み取り、共感的に理解するとともに、自分の考えを適切に伝えようとしている	他の教員に指導助言を行っている
	(5) コミュニケーション能力	周囲の状況や相手の思いを汲み取り、自己の役割を理解している		
	(6) 健康管理	健康的な生活習慣を維持し、自己の健康管理をしている	自己心身の状況を的確に捉え、自らの健康管理をしている	それぞれの健康状態に配慮し、働きやすい職場環境の実現の支援をしている
Ⅱ 教科等の指導と評価	(1) 学習指導要領の理解	学習指導の意義を理解している	児童・生徒の実態を把握した上で各教科等の指導を行っている	
	(2) カリキュラム・マネジメント	カリキュラムマネジメントについての理解をもとに教育課程の編成に携わる教員に関心をもち、仕事に生かそうと取り組んでいる	教育活動におけるPDCAサイクルの大切さを理解し、地域教育資源を有効に活用している	社会に開かれた教育課程という観点から、児童・生徒が多様な教育資源とつながる世界へ向かうための指導を行っている
	(3) 指導と評価の一体化	教材研究をもとに授業を計画・実践し、評価を生かした指導をしようと努めている	十分な教材研究と児童・生徒の実態を踏まえ、指導の評価と改善に努めている	児童・生徒の学習状況に応じた評価等について、その向上に資することができるよう指導している
	(4) 授業研究の推進	児童・生徒を中心に位置付けた授業の在り方、学習指導の改善を理解している	学習指導の改善を理解し、その効果と課題を明確にするとともに、学校全体の授業改善に取り組んでいる	継続的に授業改善を推進している
	(5) ICTの活用	ICTを活用し、情報教育の意義を理解している		
Ⅲ 児童・生徒指導	(1) 学級経営	一人ひとりの個性を理解し、学習面や生活面での課題への対応に努めている	集団の学級経営や学年経営について、学年全体や生徒指導等において、より適切に対応し、指導に努めている	学級経営等を充実させ、高め合える集団を育てている
	(2) 学年経営	学級の速度や学年の事情、児童・生徒・保護者の思い等について、学年で連携して取り組んでいる	家庭や学校の様子に気を配り、学校の特色を踏まえた生徒指導を推進している	学習指導等と連携して学校全体の状況を把握し、早期発見・早期対応の体制を整えられるよう組織的に対応を行っている
	(3) 児童・生徒の理解	児童・生徒の発達段階や特性を踏まえ、一人ひとりの個性を理解しようとしている	児童・生徒一人ひとりの発達段階や特性を踏まえた指導の充実を図っている	児童・生徒を理解し、組織的に効果を上げている
	(4) 人権教育	児童・生徒の人権に関わる諸課題について問題意識をもっている	人権教育における人権尊重の理念を理解し、教育活動に生かしている	校内組織の関係機関と連携し、人権教育を推進している
	(5) インクルーシブ教育	神奈川の支援教育及びインクルーシブ教育の推進について理解している	インクルーシブ教育の推進に向けて努力している	
	(6) 特別支援教育	児童・生徒の障害の特性を理解している	一人ひとりの教育的ニーズに応じた指導を行っている	方法・技術に応じた支援を行っている
	(7) 教育相談	教育相談の意義を理解している	児童・生徒に対してこまやかな状況を的確に把握するための支援を行っている	
	(8) いじめ・暴力行為・不登校	いじめ・暴力行為・不登校等について理解し、一人ひとりの状況に応じた対応をしようとしている	いじめ・暴力行為・不登校等の未然防止のための指導・支援や早期対応に取り組んでいる	早期発見・早期対応等に応じた組織的な対応を行っている
	(9) 健康・安全教育	アレルギー等を含む日々の生活全般における健康管理や安全確保の必要性を理解している	事故防止や安全確保のための指導の充実を図っている	
	(10) キャリア教育	児童・生徒が自分らしい生き方をするためのキャリアの必要性について理解し、学校の教育目標に基づいて実践している		
Ⅳ 学校マネジメント	(1) 学校組織マネジメント	組織として理解し、組織の一員として協働し、その役割を果たそうとしている	学校における教育活動について、もっと協働し、行動している	学校経営の目標として、学校運営を組織的に出した組織運営を図っている
	(2) 人材育成	年次研修や同僚教員から情報を学び、実践に生かしている	中堅教員として校務の役割を意識し、経験の浅い教員に助言する	教育力の維持・向上を意識し、教員を養成・サポートする
	(3) 危機管理	学校に関わる安全な学校づくりについて理解し、実践に生かしている	危機管理について理解し、安全・安心な基盤としたものにしようとしている	安全・安心の意識を高め、事故等により危機的な状況に対処する力を理解し、行動している
	(4) 家庭や地域等との連携	地域に根ざした学校という視点をもち、教育活動に当たろうとしている	家庭や地域の協力を得て、教育活動に活用したり取り組んだりしている	学校に関わる多様な人材がそれぞれの力を発揮できる環境・生徒の教育活動に生かす取り組んでいる
	(5) チーム学校づくり	学校内外の関係者を含め、教職員同士が一体になってチームとなって取り組むことの重要性を理解し、取り組んでいる	スクールソーシャルワーカーやスクールカウンセラーなど職員と連携して教育活動に当たる	校内・校外で多様な人材と連携しながら、リーダーシップを発揮している

図3　神奈川の教員養成スタンダード（平成27年度）

8 ┃ 社会に開かれた教育課程

（1）社会に開かれた教育課程とは

「論点整理」の中で，「社会に開かれた教育課程」として，次の点が重要であるとまとめられた（p.3）。

① 社会や世界の状況を幅広く視野に入れ，よりよい学校教育を通じてよりよい社会を創るという目標を持ち，教育課程を介してその目標を社会と共有していくこと。

② これからの社会を創り出していく子供たちが，社会や世界に向き合い関わり合い，自らの人生を切り拓いていくために求められる資質・能力とは何かを，教育課程において明確化し育んでいくこと。

③ 教育課程の実施に当たって，地域の人的・物的資源を活用したり，放課後や土曜日等を活用した社会教育との連携を図ったりし，学校教育を学校内に閉じずに，その目指すところを社会と共有・連携しながら実現させること。

以上の三点の中で，「社会」という言葉は二つの意味で使われている。①と②の「社会」は「社会や世界」とあるように，「世界」の同義語で広い範囲を表す語として用いられており，③の「社会」は「地域社会」と置き換えられるような学校周辺の狭い範囲を指している。「社会に開かれた教育課程」について考えていく上で，まず，①と②の「社会や世界」，そして次に，③の「地域社会」について分け，それぞれについて考察した後に全体像をまとめることにする。

（2）「社会や世界」に開かれた教育課程

① 現在の教育課程は，「社会や世界」に開かれているか

　一般に教育課程とは，それぞれの学校が，その教育目標を達成するために編成した教育内容の計画（カリキュラム）のことを指す。「論点整理」では，次のように定義している（pp.21-22）。

> 　教育課程とは，学校教育の目的や目標を達成するために，教育の内容を子供の心身の発達に応じ，授業時数との関連において総合的に組織した学校の教育計画であり，その編成主体は各学校である。各学校には，学習指導要領等を受け止めつつ，子供たちの姿や地域の実情等を踏まえて，各学校が設定する教育目標を実現するために，学習指導要領等に基づきどのような教育課程を編成し，どのようにそれを実施・評価し改善していくのかという「カリキュラム・マネジメント」の確立が求められる。

　ここで繰り返されているように，教育課程を編成する主体は「各学校」である。児童生徒の姿や地域の実情，さらには社会情勢などをしっかりと踏まえた上で，「各学校」がそれぞれ教育目標を設定する。そして，その教育目標を実現するために，管理職のみならず，全ての教職員が，学年・教科の枠組みを越えて，力を合わせることが大切である。

　しかし学校では，各学年でどの教科・科目（あるいは教科外活動）を児童生徒に何時間履修させるかなど，その「内容」よりも「形式」ばかりが重視されているのではないか。これでは，教育課程が「社会や世界」に開かれているとは言いがたいと考えられる。

② 「求められる資質・能力」と「教育課程」

　「論点整理」では，我が国の子供について，「子供が自らの力を育み，自ら能力を引き出し，主体的に判断し行動するまでには必ずしも十分に達しているとは言えない状況にある」と分析し，その原因の一つが「社会において自立的に生きるために必要な力として掲げられた『生きる力』を育むという理念について，各学校の教育課程への，さらには，各教科等の授業への浸透や

具体化が，必ずしも十分でなかったところ」にあるとしている（p.6）。

つまり，これからの社会や世界において，児童生徒に「求められる資質・能力」を十分に身に付けさせるためには，「教育課程」が重要な役割を担っているのである。

③　どのような教育課程が「社会や世界」に開かれているのか

現代の日本社会は，「少子高齢社会」や「格差社会」など言われるように，社会全体が大きな問題を抱えており，それらは未だに解決に向かって順調に進んでいるとは言いがたい。また，環境問題やエネルギー問題など，地球規模で考えていかなくてはならない問題も山積している。これからの時代を生きる児童生徒が，これら様々な社会の問題に向かい合い，「よりよい社会」を作り上げていくために，今までのような教科内だけに閉じてしまっている考え方から抜け出す必要がある。そして，教科横断的にこれからの社会や世界で必要とされる資質・能力を身に付けさせるための教育課程が，「社会や世界」に開かれている教育課程と言えるのではないだろうか。

(3)「地域社会」に開かれた教育課程

①　現在の教育課程は「地域社会」と連携できているか

平成14年度から，「完全学校週5日制」が実施された。文部科学省はそのねらいとして，「学校，家庭，地域社会の役割を明確にし，それぞれが協力して豊かな社会体験や自然体験などの様々な活動の機会を子どもたちに提供し，自ら学び自ら考える力や豊かな人間性などの『生きる力』をはぐくむこと」と示したが，現実に地域住民が集う機会が増えたり，地域住民同士で互いに支え合ったりする機会が増えている実感はない。それどころか，平成25年1月には「教育再生実行会議」において「学校6日制」が具体的に検討されることが明らかになった。このことからも，現在の教育課程は「地域社会」と連携できているとは言いづらい。

②　教育課程が「地域社会」に開かれる意義

「論点整理」では，「『学校』の意義」を以下のように示している（p.2）。

学校とは，社会への準備段階であると同時に，学校そのものが，子供

たちや教職員，保護者，地域の人々などから構成される一つの社会でもある。子供たちは，学校も含めた社会の中で，生まれ育った環境に関わらず，また，障害の有無に関わらず，様々な人と関わりながら学び，その学びを通じて，自分の存在が認められることや，自分の活動によって何かを変えたり，社会をよりよくしたりできることなどの実感を持つことができる。

　さらに，「そうした実感は，子供たちにとって，人間一人一人の活動が身近な地域や社会生活に影響を与えるという認識につながり，これを積み重ねることにより，地球規模の問題にも関わり，持続可能な社会づくりを担っていこうとする意欲をもつようになることが期待できる」とも述べている(p.2)。
　地域には，学校や家庭では出会ったり，話したりする機会がないような，年齢・職業・国籍など，様々な「違い」をもつ人たちが暮らしている。そのような身近な「外部」と接することが，児童生徒にとって広い世界へ出るための経験として蓄積されていくのである。

(4)「社会に開かれた教育課程」の実現に向けて

　平成25年3月の国立教育政策研究所のプロジェクト研究である「教育課程の編成に関する基礎的研究　報告書5『社会の変化に対応する資質や能力を育成する教育課程編成の基本原理』」の中で，「教育は，経済・社会の要請に従属するものではなく，それ固有の普遍的な理念を持つ。しかし，その理念の具体化においては，社会の変化と無関係ではいられない」と示されたように，学校教育の目標も普遍的な理念をもつものであろうが，時代の変化に応じて児童生徒に求められる資質・能力も変化するということを考え，常に見直す姿勢をもつべきではないだろうか。
　教育課程を「社会に開かれた」ものにするために，時代や社会のニーズや地域の人や物等の資源を広く俯瞰した視野で考え合わせた上で，各学校が「教育目標」を作り上げ，それを基にして編成された教育課程に，すべての教職員で取り組み，さらに保護者や地域の人たちに共有されたとき，本当の意味で，「社会に開かれた教育課程」の実現が可能になるであろう。

おわりに

　本書は，日本の教育の今日的状況を踏まえ，次期学習指導要領改訂に向けての議論を，より深く身近に考えるために上梓した。

　コンテンツ・ベースの学力のみでなく，コンピテンシー・ベースの学力をいかに取り入れるかが，日本のこれからの学校教育の重要な課題である。

　これまで日本の学校教育で求められてきた学力は，どちらかというと，コンテンツ・ベースとしての知識の習得量と再生の正確性とを，ペーパーテストによって計るものであった。特に，中間試験や期末試験に象徴されるように，習得した知識をある期間を置いて，忘れた頃に再生することが学力とされてきた。

　しかし，記憶ということや計算ということに焦点を絞れば，人間よりコンピュータの方が，早く正確に行うことのできる時代を迎えている。それゆえ，今日求められる学力の質的転換が図られようとしている。その中核となるのが，コンピテンシー・ベースの学力である。

　本書では，このコンピテンシー・ベースの学力がどのように育成されるのか，ということを，学校教育の実践を通して見ようとしたものである。本の題名のとおり，『「これからの時代に求められる資質・能力の育成」とは』何か，ということを考察した内容である。

　これまでの学習指導要領では，学校教育で育成すべき内容としての知識・技能が系統的に示されてきた。しかし，時代における学力の転換によって，これからの時代が求める学力は，コンピテンシー・ベースの学力とコンテンツ・ベースの学力の両方を資質・能力としてバランスよく育成しようとしている。

　このような学力の結節点の時代において，本書が，これからの時代の学力をパースペクティブとして視野に入れつつ，日本の学校教育の未来を考える一つのきっかけになることを期待している。

　資質・能力の育成としてのコンピテンシー・ベースの学力の内容が，未だ

明確に確定していないこの時期に本書を上梓することは，本書をお読みになった読者の方と，次代の日本が求めている学力について，考えたり共有したい，という思いと願いからでもある。

「教育は，未来を創る」ことにある，と常に考え続けて，教育研究をこれまで行ってきた。また，「学校の主語は子供」であるとも考えて，様々な学校の先生方と，教育についてこれまでも語り合ってきた。

次代を創るのは，これからの時代を生きる子供たちであり，その子供たちに，彼らが生きていく未来に必要な学力の育成を図ることは，大人としての責務でもある。

しかし，その教育の内容や育成すべき資質・能力には，正解はない。教育に関わる多くの人の知恵を集め，考え続けることこそ，未来を拓く教育となるのではないだろうか。

本書では，文部科学省初等中等教育局教育課程課長の合田哲雄様には，特別寄稿をお寄せいただきました。また，教育フォーラム「これからの時代に求められる資質・能力の育成を考える」にご登壇いただきました川村学園女子大学教授の田中孝一様，常葉大学大学院准教授の田代直幸様，文部科学省初等中等教育局教育課程課教科調査官の直山木綿子様，そして，大滝一登様にもご寄稿をいただきました。厚く御礼申し上げます。

さらに，本書にご執筆をいただきました先生方にも，厚く，御礼申し上げます。

特に，本書の上梓にあたって，田中保樹様，末岡洋一様，三藤敏樹様，山内裕介様には，企画・渉外・構成・推敲の全てに当たり担当いただき，本書が形になったのも，この皆様方のおかげであり，深謝致します。

最後になりましたが，株式会社東洋館出版社編集部上野絵美様には，出版に際し，企画・校正等で大変お世話になりました。ありがとうございました。

　　　　　　　　　　平成 27 年 12 月　　　髙木展郎

【編著者】

髙木　展郎　たかぎ・のぶお

横浜国立大学教育人間科学部附属教育デザインセンター教授。

1950 年横浜市生まれ。横浜国立大学教育学部卒，兵庫教育大学大学院学校教育研究科言語系修了。東京都公立中学校教諭、神奈川県立高校教諭，筑波大学附属駒場中学・高等学校教諭，福井大学，静岡大学を経て，現職。

主な著書に，『国語科の指導計画作成と授業づくり』（共編著，明治図書，2009）『各教科等における言語活動の充実』（編著，教育開発研究所，2008）『ことばの学びと評価』（三省堂，2003）『変わる学力，変える授業。―21世紀を生き抜く力とは』（三省堂，2015）『「チーム学校」を創る』（共著，三省堂，2015）『アクティブ・ラーニングを取り入れた授業づくり―高校国語の授業改革―』（編著，明治書院，2016）などがある。

【執筆者】

髙木展郎	同上	はじめに，Ⅰ－1 おわりに
三藤敏樹	横浜市教育委員会事務局指導主事	Ⅰ－2
白井達夫	横浜国立大学教育人間科学部 附属教育デザインセンター主任研究員	Ⅰ－3－1
山内裕介	横浜市立南高等学校教諭	Ⅰ－3－2
三浦修一	横浜国立大学教育人間科学部 附属教育デザインセンター主任研究員	Ⅱ－1
米澤利明	横浜国立大学教育人間科学部 附属教育デザインセンター准教授	Ⅱ－2
大谷　一	座間市教育委員会指導係長兼指導主事	Ⅱ－3
西岡正江	鎌倉市立第一中学校長	Ⅲ－1

青木　弘	大磯町立大磯中学校長	Ⅲ－2
松田裕行	川崎市総合教育センター カリキュラムセンター指導主事	Ⅲ－3
藤原大樹	横浜市立神奈川中学校教諭	Ⅲ－4－1
犬塚文雄	横浜国立大学教育人間科学部 附属教育デザインセンター教授	Ⅲ－4－2
小倉　修	神奈川県立総合教育センター指導主事	Ⅲ－5
伊東有希	川崎市立中原小学校教諭	Ⅲ－6
田中保樹	横浜市教育委員会事務局指導主事	Ⅲ－7
末岡洋一	横浜市教育委員会事務局主任指導主事	Ⅲ－8
木屋哲人	横須賀市立馬堀小学校長	Ⅳ－1
三浦　匡	横須賀市立池上中学校教頭	Ⅳ－2
野中陽一	横浜国立大学教育人間科学部 附属教育デザインセンター教授	Ⅳ－3
井上祐介	横浜国立大学教育人間科学部 附属横浜中学校教諭	Ⅳ－4
原口尚延	横須賀市教育委員会指導主事	Ⅳ－5
高津原洋一郎	川崎市 市民・こども局市民スポーツ室 競技スポーツ担当課長	Ⅳ－6
松田哲治	横浜市立万騎が原中学校副校長	Ⅳ－7
南﨑徳彦	横浜隼人中学・高等学校教頭	Ⅳ－8

＊執筆順。所属は平成28年2月1日現在。

「これからの時代に求められる
資質・能力の育成」とは
－アクティブな学びを通して－

2016（平成28）年2月18日　初版第1刷発行
2016（平成28）年4月15日　初版第2刷発行

編 著 者：髙木展郎
発 行 者：錦織圭之介
発 行 所：株式会社　東洋館出版社
　　　　　〒113-0021　東京都文京区本駒込5丁目16番7号
　　　　　営業部　電話03-3823-9206　ＦＡＸ03-3823-9208
　　　　　編集部　電話03-3823-9207　ＦＡＸ03-3823-9209
　　　　　振替　00180-7-96823
　　　　　URL　http://www.toyokan.co.jp
デ ザ イ ン：竹内宏和（藤原印刷株式会社）
印刷・製本：藤原印刷株式会社

ISBN978-4-491-03186-6
Printed in Japan